分科教材教法
問題與展望

黃政傑　吳俊憲　鄭章華　主編

五南圖書出版公司 印行

主編序

　　十二年國教新課綱的實施，對於教師的教學專業有著更高的要求與期待，當然，師資培育職前課程必須做好配套因應，尤其是當中之教材教法課程更應及早改變。然而，審視當前分科／分領域教材教法（以下通稱分科教材教法）課程的問題，包括各科教材教法課程無法及時反映課程教學的學術發展趨勢，以及課程改革政策及學校實務需求；其次，分科教材教法課程長期以來在師資培育現場未受到應有的重視，造成在大學裡教授教材教法的老師缺乏可資運用的參考教材，或教授的內容無法反映真實的教學現場，或少有學者投身進行教材教法相關議題的實徵研究。為因應解決這些問題，教育部師資培育暨藝術教育司推動「分科教材教法專書編輯計畫」，期許教材教法專書能引導職前師資的養成，並造福未來卓越師培生，也為我國十二年國民基本教育的師資培育一同攜手努力。

　　本人承擔此一重責大任後，深知這項計畫推動規模相當大，於是邀請王麗雲、吳俊憲、鄭章華等學者擔任共同主持人，另邀四位重量級資深學者擔任子計畫主持人（張武昌、張俊彥、方德隆、陳瓊花），並邀請200多位學者專家及實務工作者擔任專書作者，預訂三年內陸續完成44本教材教法專書。相信這在臺灣的教育界，甚至是國際教育界都相當罕見，專書研發團隊正在為臺灣教育創造歷史新頁。推動過程中，每年會辦理一場工作坊及研討會，工作坊目標旨在針對十二年國教新課綱幫助專書撰寫人進行專業增能，建立分科教材教法寫作學理基礎，裨利於將新課綱的實質內容轉化於教材教法專書中。研討會目標旨在帶領研發團隊研討十二年國教總綱與領綱的特色、分科教材教法的學術發展趨勢，以及分科教材教法的實質內涵，藉以增進專書之學術基礎。

2017年12月15日的研討會，特別針對「教學法的革新」、「PISA的評量設計」、「素養導向學習評量」的議題邀請學者專家進行專題演講，並與現場出席人員進行交流與討論，下午則請各冊專書主編或撰稿人，針對專書的教材教法發展、現況、問題及展望發表論文，學術研討過程及結果都相當精彩。茲為回饋給更多教育同好，在研討會後特別挑選出完成度和學術性較高的論文，經過匿名雙向審查及修訂後收錄成為本書。

本書共分兩篇，第一篇為分科教材教法之綜合分析，各章分析教材教法之教學改革及其與新課綱的關聯性；第二篇為分科教材教法之學科導向分析，各章分別就國小國語文、德語文、數學、科學、環境科學、健康與護理、視覺藝術／美術、生活及全民國防教育之教材教法發展進行探究。

本書乃集眾人之力而成，本人要感謝全體作者及審查者的辛勞，讓本書具有一定的品質。其次要感謝教育部推動分科教材教法專書編輯計畫，衍生本書的撰寫。再次要感謝五南圖書出版公司惠允出版本書，使其得以流傳。最後要感謝郭小瑛和高嘉蔚兩位助理的協助，由於他們的投入，本書文稿才能及早完成。此外，要特別感謝吳俊憲教授與鄭章華助理研究員共同主編本書的辛勞。有大家的協力同行參與，教育改革才有實踐的可能，才能讓我們的下一代可以看見不同的未來。

靜宜大學終身榮譽教授

黃政傑

2018年9月

i

綜合篇

第四章　中等學校分科教材教法課程內涵分析 ⋯⋯⋯⋯ 41

張民杰

第五章　十二年國教課綱特色與教材教法實踐重點 …… 53

洪詠善

學科篇

第十四章

家政學與中等學校家政教材教法 ·····················169
周麗端、魏秀珍、葉明芬、曾慶玲、鄭忍嬌

綜合篇

第一章

分科教材教法之教學改革

黃政傑
靜宜大學終身榮譽教授
吳俊憲
國立高雄科技大學通識教育中心教授

一、前言

十二年國民基本教育（以下簡稱十二年國教）新課綱的實施迫在眉睫，教育主管機關、中小學校、師資培育機構和相關研發機構都如火如荼地準備實施配套。其中重要的一環是師資培育課程與教學如何連結新課綱，培育未來即將進入教學現場的師資，使其具備與新課綱相符應的能力，才能落實新課綱的實施。

不論是在過往的師範教育時代，或是在現今的師資培育時代，作為老師的職前教育，都要先修習培養全人為目標的共同必修課程，再修任教學科（或領域／科目）專長的專門課程（以下簡稱學科專門課程），以及培養教育能力有關的專業課程（俗稱教育學分，以下簡稱教育專業課程）。教育專業課程分成教育基礎學、教育方法學、教學實習與分科（或分領域）教材教法（以下以分科教材教法稱之，或通稱教材教法）、選修等類課程（教育部，2003）。分科教材教法科目是建立於教育基礎學和教育方法學之上的整合性科目，與教學職場銜接，師範生或師資生先選習教育概論、教育心理學、教育社會學、教育哲學、課程設計與發展、教學原理、班級經營、輔導原理與實務、教育測驗與評量、教學媒體與製作等科目後，進一步學習任教科目或領域（國中小九年一貫課程開始採用）的教材教法。該科目的修習通常安排在教學實習之前，或與教學實習併行，兩者互相支持和激盪，由學理和方法的探究進到教學實踐，由通則式的教育原理、方法的學習，進到分科應用及實作。分科教材教法的教學，與教學實習一起站在專業課程的制高點上，統整以前的教育科目，導引師範生或師資生把所學聚焦於任教學科（科目或領域）的教學焦點，具有統整應用及承先啟後的功能。分科教材教法與新課綱的內涵關係密切，值此十二年國教新課綱即將實施的時刻，其教學改革更受到重視。

二、問題焦點

分科教材教法的實施，長期以來存在不少問題，影響師資培育的成效；該科目屬於科際整合的範疇，亦即它是學科和教育的綜合體。就師資

培育課程的安排觀之，它被歸類於教育專業課程，也就是教育學分的一部分，但開課教師常歸屬於教育之外的學科相關學系。例如數學教材教法、國語文教材教法、英語文教材教法等科目，開課教師原則上都歸屬於數學系、國文系、英語系。

實際教授分科教材教法教師大多歸屬於學科專門課程的學系，惟該科的教學時數有限，他們需要另開設專門課程學系的其他科目，平素互動溝通的對象以同學科教師為主，很少與教育相關學系或師培中心的教師互通訊息。其次這門課只有二學分，占教授級授課鐘點的四分之一，任課教師平常的研究教學常以專門課程的學術領域為主，很少能投入分科教材教法的深入探究。也就是說學科專門課程相關學系常只有一、兩位教師負責教材教法的教學，除非跨校找夥伴，否則在系內不容易形成研究和教學團隊，單打獨鬥是常事。教材教法教師在系內對研究和教學資源配置的影響力很有限，教材教法位處學科專門課程相關學系的邊緣地帶，不受重視，不被鼓勵。

更嚴重的是部分師培機構缺乏教材教法專長的教師，勉強派出任課教師充數，有的連派都不派，把開課的錢省下來，要師資生到其他大學修課。結果分科教材教法的研究和教學無法深入，師資生疲於奔命，還會看輕這門課，未能好好學習，師資培育的重責大任也就落空了。此外，大學任課教師是否具備中小學任教經驗，是否了解中小學教學現場的需求，所教的教材教法內容和能力，是否能讓師資生挑起中小學教學現場的教學任務，因應改革需要，也是個大問題。

分科教材教法的內涵，就其名稱來看應該很清楚明確，它包含了特定教學科目或領域的教材和教法兩部分及彼此的連結：分科教材教法是通稱，若是用在國語文，則為國語文教材教法，用在藝術為藝術教材教法，用在自然科學則為自然科學教材教法，依此類推。國中小九年一貫課程把科目整合為領域進行教學，分科教材教法有時就稱為分領域教材教法。這個科目源自於中小學課程中各科目或領域的教學需求，即先有中小學的教學科目（或領域），才會在師資培育課程開設對應的教材教法科目。它是特定科目（或領域）師資科別的必修，十分重要。該科目的內涵問題出現

在幾個方面：其一，教學是否對應科目名稱，聚焦在師資生未來的任教科目或領域適用的教材教法上？其二，能否兼顧教材和教法兩方面能力的培育？其三，教材教法的評析運用及反省是否包含在內？其四，是否兼顧現有教材教法的運用及開發方法？其五，是在分科教材和教法中，終身學習和創新的能力與態度是否受到重視？

分科教材教法的外延問題，亦有幾方面需要思考和重視。其一為該科目是否能反映中小學課綱研修的理念、目標和內容？能否把握歷次課綱變革的重點，且能持續因應課綱的變動？其二是該科目是否能銜接教育基礎學和教育方法學科目，並應用其中適用的原理原則和方法？其三是該科目能否和教學實習銜接，指導師資生應用所學於實際教學上？其四是該科目能否與學術發展趨勢連結，將教材教法的學術潮流融入教學？其五是各科目和各領域教材教法之間能否跨領域相互觀摩、共同學習？其六是分科教材教法的縱向連貫問題，即小學各領域教材教法和中學各領域或各科目的教材教法之間，是否具備連貫性？其七是該科目的教學是否與教學現場連結，滿足教學現場改革和創新的需求？

分科教材教法的教學和研究成果，展現於研究論文的發表及專書著作上面。以該科之教學而言，專書也很重要。在國民中小學九年一貫課程推動以來，分科教材教法的專書比起以往略有增加，但相對於其他教育學術領域，仍屬貧乏，現有專書老舊，未能配合新課綱的推動補充或修訂。就該科目之內來看，比較強勢的領域，專書或論文著作較多，但相對的弱勢領域則不受重視，教材教法任課教師的教學缺少教材可用，影響教學效能。顯然鼓勵教材教法專書和研究論文的撰寫和出版有其必要，而前述所討論到有關該科目的內涵和外延問題，在推動時需要特別留意。

三、問題分析和討論

分科教材教法的內涵和外延問題，需要進一步加以討論，茲歸納為分科教材教法與歷次課綱改革的關係、與中小學新課綱的關係、與素養導向教學的關係、與中小學教學現場的關係、與目標內涵評量三向對準的關

係、與社會重大議題融入的關係、與其他師資培育課程的關係等方面進行討論。

㈠ 分科教材教法與歷次中小學課綱改革的關係

現行分科教材教法的內涵，基本上是該科目本身培育師資的學術內容，加上多年來回應多次課綱變革和教學現場需求的結果。該科目的教學還要探究歷年課綱的改革，讓師資生具備歷史觀，遇到新課綱實施，則要分析現行課綱和新課綱的異同之處，把新課綱的特點納進來教給師資生，以利其進入職場時得以順利實施新課綱。不過，不論課綱如何改變，以往課綱的許多內容仍然存在，教學者要了解的不單是差異處，也要認識相同處。配合社會變遷需求，新課綱變得愈來愈複雜，教材教法有必要引領學習者由現行課綱導向於新課綱，分析新課綱如何實施及該有的配套措施，於其中找出學校及班級教學如何發展特色，又能落實新課綱的精神及要求。教材教法要教導師資生蒐集及分析檢討新課綱實施之狀況及遭遇的問題，討論因應的方法及建議未來改革之道。由於中小學課綱實施一段時間後，都會檢討改進，再研修更新的課綱，教材教法也要培育師資生因應課綱而不斷變革的能力。

㈡ 分科教材教法與中小學新課綱的關係

十二年國教新課綱已經公布總綱和部分領域／科目課綱，還有不少尚在審議及修訂過程中，不過總綱早於2014年11月底即公布，其理念、目標和內容持續被推廣討論，引導領域／科目課綱（簡稱領綱）承續總綱的改革方向，研修領綱之內涵，以落實總綱精神。課綱審議過程中雖然發生重大波折，惟主要研修重點並未有大的調整，分科教材教法配合新課綱雖有小部分不確定因素，主要方向和內容可說大勢已定，配合起來不會有太大的問題。為了讓教材教法的教學得以趕上新課綱實施之需求，負責師資培育的教師在參與新課綱研修之外，宜及早了解新課綱的走向，持續掌握後續審議的爭議，即可觀照全局，改變教材教法的教學，培育師資因應新課綱實施的教學能力。十二年國教新課綱的內涵有不少創新方向，其中重要者包含核心素養、素養導向教學、探究與實作、跨領域教學、議題融入課

綱等，教材教法科目應該掌握。

(三)分科教材教法與核心素養及素養導向教學的關係

核心素養及素養導向教學，堪稱十二年國教新課綱的主要改革焦點。何謂核心素養，何謂素養導向教學，這是教材教法因應新課綱需要先加以釐清的問題。在新課綱總綱規劃過程中，是否要以核心素養替代九年一貫課程中的基本能力，曾產生不小的爭議。後來新課綱確定以核心素養作為主軸，引領其後的課綱修訂方向。不過，爭議並未解決，總綱決定之後，接著是領綱如何貫徹核心素養理念，直到課程實施之前導學校和相關研習及學校實施新課綱的準備，教師及行政人員都有許多困惑。

要把握新課綱的改革先得要澄清核心素養的概念，教育主管機關不斷在這方面努力，只是概念釐清沒那麼快，建構於這個概念上的教學行動就不是那麼順暢。由於新課綱是國家對十二年國教的基本共通要求，有必要了解新課綱對核心素養的解釋。教材教法的教學改革，需能掌握新課綱對核心素養之定義：「……指一個人為適應現在生活及面對未來挑戰，所應具備的知識、能力與態度。核心素養強調學習不宜以學科知識及技能為限，而應關注學習與生活的結合，透過實踐力行而彰顯學習者的全人發展。」（教育部，2014，頁3）

具體而言，核心素養強調培養以人為本的「終身學習者」，分為自主行動、溝通互動、社會參與三大面向。其下再細分為九大項目：身心素質與自我精進、系統思考與解決問題、規劃執行與創新應變、符號運用與溝通表達、科技資訊與媒體素養、藝術涵養與美感素養、道德實踐與公民意識、人際關係與團隊合作、多元文化與國際理解（教育部，2014，頁3-6）。教材教法的教學，還要進一步認識總綱之中各教育階段的核心素養，及根據總綱核心素養的定義，規劃的各領域／科目的核心素養，及學習重點與實施方法。

為落實新課綱素養導向教學，負責課綱研修的國家教育研究院也研發領域／科目課程手冊、素養導向教材模組（參見國家教育研究院協力同行網站）。為免除中小學教師因實施新課綱而驚慌失措，中央輔導團、地方

教育輔導團、普通型高中學科中心、技術型高中群科中心、師資培育各領域教學研究中心等單位，也都著手設計核心素養教材及教案，作為師資培育及中小學可以參考的教學資源。

㈣ 分科教材教法與教育現場的關係

　　分科教材教法旨在培養師資生認識或發展中小學任教特定領域或科目可用的教材及教法，大學任課教師在了解分科教材教法領域的現況及學術發展趨勢之外，也必須了解中小學現場的教學實況及問題，一則讓師資生能勝任教學，也能改革教學，即分科教材教法的教學須與中小學的教學緊密連結。為達成此目的，可有幾個做法。一則由大學教師到中小學實際進行臨床教學一段時間，力求了解學生、班級、學校、家長和社區，選用及開發適合的教材和教法，且能在教學中應用自如，找出問題，尋求改進之道，並加以實踐。在這過程中，大學教師可以和原任課教師及相關教師合作，共同反省教材教法的問題，建構解決之道，加以實踐。其二是大學教材教法任課教師的進用，要求其具備中小學教學經驗。其三是聘請中小學現職教師到大學擔任教材教法授課工作，或者與師培機構專任教師合作開授教材教法。此外在教材教法的教學上，設計較多的實作、實務活動，大學師生透過教學觀摩、見習實習、參與研習、調查研究及行動研究的機會，了解教學現場的教材教法。其四是與中小學嫻熟教材教法的教師共同推動中小學教材教法的改進，藉以更深入了解教材教法需要探究和改革的方向。

㈤ 分科教材教法與教學目標、教學過程與學習評量三向對準

　　教材教法的教學目標，長期以來都會包含認知、技能和情意三個領域，即教學要引導學生學習知識、技能，並發展適切情意特質。只是在教學過程中對教學內容和方法的選擇，常窄化於知識部分，忽略三大類目標，學習評量也常以知識學習成果為準，未能對準完整的教學目標。由於教學過程和學習評量未能對準目標，失去達成目標的適切手段，學習評量脫離目標的理想，以致教學目標成為空談。基本上，不論家長和學生都特別重視學習評量結果，尤其是與學生未來升學和生涯發展具有密切關係

者，影響力更大。學習評量未符應教學目標，就是偏差的學習評量，實際引導學生學習的真實進展，而不是教學目標，教育就失去方向。因而分科教材教法的教學，一方面要教導師資生確立涵蓋認知、技能、情意三大領域的目標；二方面要確認教學過程中的內容和方法能實現教學目標，也要評量學生認知技能和情意三大目標的學習成果。配合新課綱核心素養的實施，教材教法的情意教學目標，著重價值和態度的發展，也要立基於自發、互動、共好的理念，規劃在生活中學習，連結生活應用和未來挑戰的需求，培養學生成為終身學習者。

㈥ 分科教材教法與社會重大議題融入

十二年國教新課綱對於社會重大議題融入的作法，和現行九年一貫課程及高中高職課綱不同。九年一貫課程將重大議題，在各學習領域之外另行規劃議題課綱，要求教師在領域教學時適時融入，教師常因教學時間不足或不知如何連結議題和領域教學而未落實議題教學。高中高職現行課綱列舉重大議題，要求教師教學時進行特定議題融入，但未有更具體的規劃。十二年國教新課綱擺脫現行作法，在課綱研修跨領域小組中成立議題融入工作圈，選出重大議題，進行教學目標和學習重點的規劃，再由各領域／科目研修小組融入其規劃的課綱之中。如此一來，重大議題在領域／科目課綱之中即已融入，教科書編審及教師教學都不會漏掉課綱選定的重大議題。只是社會不斷變遷，重大議題的內涵會有所改變，新興議題也會出現，因而教師在教學中應適時予以調整或融入，教師還是需要具備重大議題融入的能力。分科教材教法教學，需要涵蓋課綱中已融入的議題如何教學，以及新興議題出現時，教師如何評估並納入自己的教學設計之中。

㈦ 分科教材教法與其他師培課程的關係

分科教材教法只是一門兩學分的科目，對焦於特定科目／領域教材和教法的教學。本科目所要考量的，是所有任課教師應該溝通協調建立各領域／科目的教材教法教學共識，在共通部分之上，發展各自科目／領域教材教法的特色。例如國語文、英語文、社會、藝術的教材教法，或者數學、自然科學、科技的教材教法，任課教師在規劃該科目課程大綱時，應

該彼此協調，切勿互不往來、各行其事。就縱向來說，同一科目／領域的教材教法，在國小和中學教育階段也應該取得一致性和連貫性，之後再發展各自的特色。師資培育機構中，應該建立有效的機制，促成校內所開設的各科目／領域教材教法的統整和連貫。此外，分科教材教法的教學應該考慮教學實習的教學設計，如果這兩個科目有同一位教師授課的話，其教學的整合較為容易，不同的教師就要花費較多時間進行協調。分科教材教法的教學要了解，教育基礎學及教育方法學之下的許多科目，都有其面對教育現場和配合新課綱實施應規劃的教學目標和教學內容，也有其該負責培養的教學能力。所有師培課程相關教師，都需要一起規劃及檢核各科目的教學內容，做好分工合作，避免不當的重複，也促成彼此之間更有效地銜接，讓師資培育發揮更大的效果。

四、未來展望──代結語

雖然分科教材教法在師資培育的角色和功能一直沒有太大的改變，但其於師資培育上是否確實能發揮功能，值得檢討。在十二年國教新課綱即將實施的時刻，各種配套措施相繼出籠，其中分科教材教法，與教學實習結合，連結教育理念和方法用於教育實務上，尤其需要重視。根據前述分析，未來教材教法的教學應該注意下列各點：

㈠分科教材教法科目應配合實際需要，調整其教學目標、內容、方法和評量

分科教材教法科目，在師資培育上有其特定的本質和內涵，卻也需要不斷配合中小學和大學師資培育的需要，進而調整其教學目標、內容、方法和評量。遇到課綱調整的時刻，該科目也需要配合調整。該科目要教導師資生了解歷次中小學課綱發展的趨向，在十二年國教新課綱實施時，也要配合納入新課綱的理念、特色和內涵。十二年國教新課綱之中，比較重要的改革焦點是核心素養、探究與實作、跨領域教學、議題融入等等，師資培育不管是在職或職前教育，都要培養中小學師資具備素養導向教學的能力，有賴於分科教材教法作為重要媒介。

㈡**分科教材教法必須培養師資因應未來課綱改變的教學能力**

　　由於課綱每隔一段時間都會配合各種變遷而有所調整，該科目的任課教師必須具備因應課綱調整而改變教學，進而培養師資生的應變能力。具體而言，中小學教師的應變能力包含認識學科和師資培育學術發展趨勢、理解社會變遷的教育改革需求、分析新舊課綱異同、實施新課綱所需要的教學能力、與同儕合作在新課綱的彈性下發展校本課程、為新課綱的實施備妥學校教學配套等、檢討新課綱實施問題提供建言、與校內外團隊共同推動課程改革等等。

㈢**分科教材教法的教學宜協調並建立共識，並發展不同科目／領域的特色**

　　分科教材教法的教學，各科目／領域不宜單打獨鬥、自行其事，相反地宜溝通協調，建立共識，採取一致行動，再發展不同科目／領域的特色，這樣才能夠在整體上培養優質教師。配合十二年國教新課綱的改變，培養中小學優質教師，此一重責大任絕對不是一個科目的事，師資培育專業課程中所有科目，均須分工合作、共同承擔責任。教育基礎學的所有科目必須納入新課綱的重要理念和精神的探討，教育方法學所有科目必須納入新課綱的課程、教學發展實務，而教材教法與教育實習則應探討各科目／領域如何教學場域中實踐新課綱。

㈣**檢討分科教材教法問題並強化專業課程與專門課程的連帶關係**

　　現行分科教材教法有許多問題存在，希望未來各領域／科目教材教法的教學，能夠檢討現存的問題及其成因所在，利用十二年國教新課綱實施師資需要配合改進的時刻，力求改進。不過，新課綱的實施不只是師資培育中心專業課程的事，學分數占比重相當高的專門課程，負責師資學科知能的培養，也都具有密切的關係，應同時規劃改進途徑，並與教育專業課程共同負起新課綱落實的責任。

　　總之，分科教材教法的教學不單只是為了培育中小學優質師資，同時要改進中小學現場教師的教學實務，提升學生的學習品質和效能。因此，

師資培育機構分科教材教法的任課教師必須貼近中小學現場的教學實務，本身應該具備中小學教學的能力，也要結合中小學教學優良的教師一起合作，改進中小學各科目／領域的教學。在分科教材教法教學過程中，任課教師也能了解新課綱實施所遭遇的問題，進而提供未來新課綱改進的參考。分科教材教法不只是中小學新課綱實施的工具，藉由在改進中小學各領域各科目的教學中蒐集新課綱實施的問題和改進建議，它也是促成新課綱再改造的重要媒介。期待各師培機構重視分科教材教法科目，進用具有專長的教師，開設優質的課，讓師資生得有確實的學習成果。也期待師資培育主管機開要求師培機構的教材教法和教學實習師資條件，進而改善師資培育的成效。最後，新課綱的實施及優質師資培育不能單單仰賴分科教材教法，而應著眼於師資培育的教育專業課程和學科專門課程，唯有兩者兼具，才能達成使命。

參考文獻

教育部（2003）。中等學校、國民小學教師師資職前教育課程教育專業課程科目及學分。取自https://ws.moe.edu.tw/001/Upload/1/relfile/7542/25948/8e5a84ef-7aa4-4c63-ab1a-57887dbe14bd.doc

教育部（2014）。十二年國民基本教育課程綱要總綱。臺北市：編者。

第二章

教材教法發展新趨勢

林永豐

國立中正大學師資培育中心教授

　　師資培育課程中「教材教法」一科的基本理念，是欲將學科的內容知識，透過課程與教學的原理加以轉化，以促使學生能理解並掌握學科知識。因此，傳統的觀點是強調「學科內容」與「教育原理」的結合，前者是一般所稱的學科內容知識（content knowledge，簡稱CK），後者則是教學知識（pedagogical knowledge，簡稱PK）。而自1980年代以來，愈來愈多學者指出前述二分法的不足，例如：Shulman（1987）認為除了前述CK與PK之外，還有一個重要的中介領域：學科教學知識（pedagogical content knowledge，簡稱PCK），他主張課程與教學的原理原則往往僅是一般性的，但針對不同的學科領域，仍值得進一步探討適合該領域的、特定的教材教法，例如：英語科的教材教法，應該有異於數學科的教材教法；而社會科的教材教法，應該有別於藝術科的教材教法。這就是「分科」教材教法最基本的學理基礎。

　　但過去二十多年來，愈來愈受到重視的是有關「未來的學習」（future of learning）的新論述，這個論述與前述各科的教材教法有關，但又開展了有別於「學科內容」與「教育原理」之外的課程與教學重點，足以擴展分科教材教法的新視野。

一、新興的「未來的學習」論述

　　許多國際組織都強調所謂「未來的學習」論述。聯合國教科文組織（UNESCO）發布《未來的學習》（*The future of learning 3: what kind of pedagogies for the 21st century*）認為未來的學習會影響到21世紀教學的新面貌（Scott, 2015）。歐盟則發布《未來的學習》（*The future of learning: imaging learning in 2025*），強調未來的學習對未來十年課程與教學的挑戰（JRC, European Commission, by Punie & Redecker, 2010）。

　　「未來的學習」論述主要包含以下四個論點主張：

　　首先，當前與未來的社會正在面臨巨大的變化。尤其是全球化對經濟、社會、政治、文化等各方面的影響；科技進步與數位資訊所帶來人類互動與生活方式的改變；人際與社會關係愈趨密切而複雜所帶來的文化與

認同問題……而這些劇烈而持續的變化不斷地成為未來個人與社會的挑戰。

其次，變動社會將會期待未來的人們具備新的能力（skills）或素養（competencies）。新的社會形成了新的挑戰，而因應新的挑戰就需要具備新的能力或素養。常見的所謂「21世紀能力」（21st century skills）或「核心素養」（key competencies）指的就是對新能力或素養的一種期待，例如批判思考、問題解決、團隊合作、溝通、創新、跨文化能力等（林永豐，2014）。

再者，新能力的養成將有賴多元的教學法以達成。因為傳統的課程教學目的偏重於轉化與傳授學科的內容，而未來能力與素養的學習與養成，如團隊合作、溝通表達、批判思考、規劃創新等，卻不只跟學科內容有關，而需要關照彈性與多元的課程設計、教學歷程與評量方式。

最後，新教學法的落實將奠基於良好的師資培育。由於新課程與教學重點在於促進未來的學習，因此，對教師專業的期待也隨之提高。師資培育的重要性不言而喻，而即便是在職老師，不斷地進修也是不可或缺的一環。

基於上述對未來的學習論述，課程與教學所關照的重點，也就有了明顯地差異。傳統的教育所重視的是灌輸、記憶、講授為主的互動、簡單地應用；相對地，強調未來的學習之課程教學則更重視批判性思考、探究式學習、持續地投入、協作、合作式學習、非正規學習、個人化的學習、較多的奉獻、師生互動、練習與應用等。

2007年，美國的21st能力聯盟（The Partnership for 21st Century Skills, p.21, 2007）就主張：為了促進21世紀的能力，有必要重新思考21世紀的課程與教學，期望高中畢業的學生能夠具備因應21世紀的能力。其能力架構中包括「學生學習結果」與「支持系統」，而所謂學習結果，意指：「為因應21世紀的工作與生活，學生所應該精熟的能力、知識與專長（skills, knowledge and expertise）」，主要包括下列幾項：

1. 九項核心科目：即英文、閱讀或其他語言能力、世界各國語言、藝術、數學、經濟、科學、地理、歷史、政府與公民等科目。

2. 五項跨領域主題：「全球意識」、「金融、經濟、商務與企業精神」、「公民素養」（Civic literacy）、「健康素養」（Health Literacy）、「環境素養」（Environmental Literacy）。

3. 學習與創新能力（Learning and Innovation Skills）：創造與創新、批判思考與問題解決、溝通與合作

4. 資訊、媒體與科技能力（Information, Media and Technology Skills）：資訊素養（Information Literacy）、媒體素養（Media literacy）、資訊與溝通科技素養（ICT literacy）

5. 生活與生涯能力（Life and Career Skills）：彈性與適應、自發與自動、社會與跨文化能力、生產與績效、領導與責任。

綜而言之，未來的課程與教學所需關照的，不僅是學科的內涵，還應重視未來社會所期待年輕人應具備的未來能力，因此，乃是一個重視未來的學習之課程與教學。這樣的課程與教學，意味著需得重更為宏觀的視野來理解CK、PK與PCK。亦即，不管是學科知識（CK）或教學知識（PK）的運用，將不只是作為促進學科學習的手段，僅重視導向學科內涵的認識與掌握，而可以是導向未來能力的養成。例如：理化科的教材教法，將不只是促進對理化的學習，而可以扮演積極的角色，培養學生有關團隊合作、問題解決、規劃創新等未來能力。可見，PCK的運用將不只是學科學習的手段，可同時可以促進未來能力的養成。

二、課程教學改革的國際趨勢

若將上述「未來的學習」逐漸受到重視的趨勢，放到近年來國際課程與教學改革的脈絡來看，將可以有更宏觀的了解。聯合國教科文組織的文件指出，各國均致力於課程與教學的改革，而其中更可以顯示出如下一個明顯的轉移趨勢（UNESCO-IBE, 2009:16-17）：

表1 各國課程教學改革的趨勢

從	到
教	學
事實的傳授	學生的知識建構
資訊的記憶	資訊的分析、綜合、評鑑和應用
聚焦於知識	知識、技能、價值和態度的發展
對學術成就進行總結性評量	對能力從事真實性和形成性評量
背誦式學習	應用式學習／脈絡中學習
分類化了的知識（傳統學科）	統整性的知識（較廣泛的學習領域）
學校教育	終身學習
著重在輸入	著重在結果和過程
講述式教學	參與式的、以活動為中心的取向與「互動式方法」
假定只有一種「學習模式」	認同不同人有其「偏好的學習模式」
課程即結果	課程即過程和成果

資料來源：UNESCO-IBE (2009). Training Tools for Curriculum Development: a resource pack (Training Manual). pp.16-17.

　　從課程與教學的性質來看，前述趨勢使得傳統將課程視為一種「成品」（product）的觀點，漸漸轉而將課程視為一種「歷程」（process）（UNESCO-IBE, 2009:19）。前者，將課程視為各類描述「內容」的文件，是描述性的、規範性的，目的在告訴老師們要教什麼。相對地，後者則更重視好的課程是透過怎樣的歷程而產生出來的。尤其，課程是透過哪些不斷地對話？納入了哪些相關的人員？是在什麼樣的學校實際脈絡中生成的？

　　具體而言，歷程觀與成品觀的課程內涵，可以對照如下（表2）：

表2 課程的歷程觀與成品觀

將課程視為歷程（process）	將課程視為一種成品（products）
課程政策的對話與形成	課程政策文件 國定課程架構
課程設計	課程標準 學科課程／課表 地方化的課程 國定考試
學習材料的發展	教學與學習材料
教科書的評鑑與認可	教科書所依據綱要／標準的發展與評鑑
師資培訓	師培課程
課程評鑑	課程評鑑結果 各類的課程研究報告
	視導報告

資料來源：UNESCO-IBE (2009). Training Tools for Curriculum Development: a resource pack (Training Manual). p.19.

　　另，根據Sinnema & Aitken（2009）的觀察，各國課程發展有六個主要的發展趨勢，包括：

　　1. 素養導向（competencies）：除了內容知識與技能，更能關照素養的養成。

　　2. 強調價值（values）：重視課程中的價值意涵。

　　3. 重視教學（pedagogy）：關心教學方式與策略。

　　4. 學生角色（student agency）：促進學生主動的角色與投入。

　　5. 親師合作（parents）：強化課程中與家長的夥伴關係。

　　6. 教師自主（autonomy）：減少規範，增加教師的自主性。

　　由上可知，為了促進未來的學習，課程與教學的概念其及內涵有必要檢視與調整，從除教學端外，更重視學習端；除重視課程成品外，更重視課程發展的歷程，在這些歷程的發展中，重視學生的參與，這種未來的學習模式，方更能促進未來能力的養成。我國甫於2014年公布的十二年國民基本教育課程綱要總綱（教育部，2014）中，納入並強調了核心素養的概

念，也可以視為是體現此一國際趨勢的具體表現（林永豐，2015）。

三、促進未來學習的課程與教學

　　基於上述的脈絡，已經陸續有許多學者紛紛探索新的學習策略或模式，應該有何新的教學樣貌。以下分別說明之。

　　Wagner等人（2006）提出「有關教學的新3R」，強調下列三個特性：

　　1. 嚴謹（rigor）：重視課程究竟讓學生學到些什麼。

　　2. 相關（relevance）：強調學生所學要能連結到未來的學習或工作世界。

　　3. 尊重（respect）：提倡一個師生相互尊重的關係，藉此強化學生的學科與社會能力。

　　Saavedra & Opfer（2012）則認為，為了促進21世紀能力的學習，教學上有九個重點。列述如下：

　　1. 讓學生感受到學習是有相關的；

　　2. 透過各學科來教學；

　　3. 發展各種初階與高階層次的思考；

　　4. 鼓勵各類學習的遷移；

　　5. 教導學生如何學習；

　　6. 直接強調各項學習迷思；

　　7. 團隊合作是教學的結果也是手段；

　　8. 善用各類科技以促進學習；

　　9. 激發學生的創意。

　　除此之外，Pitler & Stone（2012）所提的教學設計的架構（圖1），則較完整地分從三個層面來說明教學設計的重要元素，此三個面向包括：創造學習環境、促進學生理解以及幫助學生擴展與應用知識。首先，創造學習環境強調的不只是實體環境的安排，而是透過課程教學的設計，營造一

個學習的氛圍，讓學生在此願意且得以進行學習。其次是促進學習理解，因為未來的學習重視學生的角色，因而需要重視各種學習方法與策略，讓學生得以去建構知識。最後，教學要重視幫助學生擴展與應用知識，因為教學不只是灌輸，而要能在吸收知能之後，進一步的擴展與應用，因此，有必要引導學生關注不同知識的異同，並能提出與測試假設。

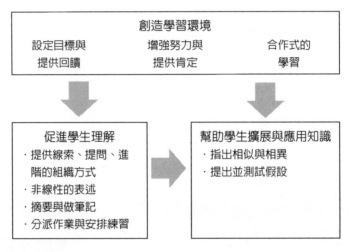

圖1 教學設計的架構

Pitler, H. & Stone, B. (Eds.)(2012). *Handbook for Classroom Instructional Planning* (2nd ed.). p.304, Denver: McRel.

四、促進理解的課程教學設計

綜上所述，對未來的學習的重視，將不只是主張除了學科知識的獲取之外，也要注重未來的學習能力之養成。更重要的是，未來的學習論述，彰顯了課程實施與教學設計的重要性，倘若課程的概念過於狹隘，僅重視學科內容，而未能重視歷程？教學的方式若未能調整，僅強調多元，而未能重視學生的理解與應用，則未來的學習要如何促成呢？

Wiggins & McTighe（2005）主張課程與教學若要能促進學生的學習與理解，就必須透過適當的設計，因而提出所謂「重理解的課程設計」

（Understanding by Design, UBD）的理念。在其所倡導的逆向設計（backward design）中，突顯了以「以終為始」的重要性，亦即要慎思課程教學究係想導致哪些可欲結果的學習。

逆向設計所強調三個教學設計的步驟，詳如下圖2。

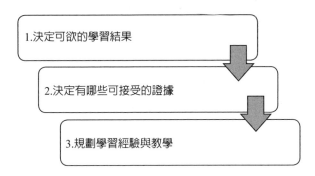

1.決定可欲的學習結果

2.決定有哪些可接受的證據

3.規劃學習經驗與教學

圖2　逆向設計的三個階段

Wiggins, G. & McTighe, J. ((2005). Understanding by design, (2nd Edition). p.18, Alexandria, VA: ASCD.

在第一階段，教學的目標要思考以可欲的結果（desired results）來呈現，而這些可欲的結果所指包括課程標準、計畫目標以及學習的結果。除了學科的內容之外，更需關照要學生理解什麼？要掌握的基本問題是什麼？學生將知道什麼？以及，學生將能夠做什麼？

在第二階段，為了知道教學設計所希望的可欲結果究係有無達成，因此需要考量有哪些評量的證據（assessment evidence）。尤其，由於未來的學習不只是記憶與理解，還強調應用、分析、評鑑甚至創造，因此，評量的證據將不只是內容的重述，而更重視學生要能達成哪些表現任務（performance tasks）。

第三階段才是單元的教學活動設計，這時尤需注重學生的參與，與留意怎樣的學習經驗或教學能促使學生達到預計的成果？此一階段需重視WHERETO等七個要素。

（**W**）幫助學生知道這個單元的方向（where）？對學生的期待是什麼（What）？幫助老師知道學生的背景與起點（where，先備知識、興

趣）

（**H**）引起（hook）學生的專注，保持他們的興趣

（**E**）幫助學生做好準備（equip），協助他們能體驗（experience）重要的概念，探索（explore）相關的問題

（**R**）提供機會能省思（rethink）或修正（revise）學生的理解或成果

（**E**）允許學生得以評價（evaluate）自己的作業（或成果）並進而能省思

（**T**）能差異化以因應（tailored）不同學習者的需要、興趣與能力

（**O**）能有效地組織（organized）並維持學生的專注與有效學習？

五、結論

從分科教材教法的傳統思維來看，學科內容是目的，教學原理則是手段，只是促成學科學習的策略與方法。然而，近年來「未來的學習」論述，彰顯了未來能力與素養養成的重要性，因而更強調課程與教學的角色，更重視教學策略與方法的運用（林永豐，2017），也就促使「分科教材教法」的概念與內涵，有必要重新檢視。

因此，本文主張：未來的學習需奠基於新的課程與教學，而新的課程與教學更有賴於一個更導向未來的學習之「分科教材教法」，使得未來的師資培育能讓教師除了具備學科內容知識（CK）、教學知識（PK）與學科教學知識（PCK），更能關照到「未來的學習」，以因應未來社會的挑戰。

參考文獻

林永豐（2014）。素養的概念及其評量。**教育人力與專業發展，31**(6)，35-47。

林永豐（2015）。十二年國教中的核心素養概念。載於甄曉蘭編，**教育的想像——演化與創新**，頁119-138，臺北：學富。

林永豐（2017）。核心素養的課程教學轉化與設計。**教育研究月刊，275**

期，4-17。

教育部（2014）。十二年國民基本教育課程綱要總綱（中華民國103年11月28日，臺教授國部字第1030135678A號）。臺北：教育部。

Dean, C. B., Hubbell, E. R., Pitler, H. & Stone, B. (Eds.) (2012). Classroom Instruction that work: research-based strategies for increasing student achievement (2nd ed.). Alexandria, VA: ASCD & McRel.

Partnership for 21st Century Skills (2007). *21st Century Skills Assessment.* Retrieved October 25, 2014, from http://www.p21.org/our-work/p21-framework.

Pitler, H. & Stone, B. (Eds.)(2012). Handbook for Classroom Instructional Planning (2nd ed.). Denver: McRel.

Punie, Y. & Redecker, C. (2010). The future of learning: imaging learning in 2025. Joint Research Center, European Commission. Retrieved 2017.09.22 from http://is.jrc.ec.europa.eu/pages/EAP/documents/IPTSWS2competencesfinal.pdf.

Saavedra, A. & Opfer, V. (2012). Teaching and learning 21st century skills: lessons from the Learning Sciences. A global cities education network report. New York, Asia Society. Retrieved 2017.08.20 from https://www.aare.edu.au/data/publications/2012/Saavedra12.pdf.

Scott, C. L. (2015). The Futures of Learning 3: what kind of pedagogies for the 21st century?(UNESCO working paper). Retrieved 2017.09.05 from http://unesdoc.unesco.org/images/0024/002431/243126e.pdf

Shulman, L.(1987). Knowledge and teaching: Foundations of the new reform. *Harvard Educational Review, 57*(1), 1-22.

Sinnema, C. & Aitken, G. (2013). Emerging international trends in curriculum, in Priestley, M. & Biesta, G. (Eds.) Reinventing the curriculum: New Trends in Curriculum Policy and Practice. London: Bloomsbury.

UNESCO-IBE (2009). Training Tools for Curriculum Development: a resource pack (Training Manual). Geneva: UNESCO-IBE.

Wagner, T., Kegan, R., Lahey, L., Lemons, R., Garnier, J. Helsing, D., Howell, A.,

Rasmussen, H. (2006). Change Leadership: a practical guide to transforming our schools, San Francisco: Jossey Bass.

Wiggins, G. & McTighe, J. (2005). Understanding by design, (2nd Edition). Alexandria, VA: ASCD.

第三章

國小教育學程分科教材教法
課程大綱的內涵分析

張芬芬

臺北市立大學學習與媒材設計系教授

前 言

　　臺灣中小學的師資培育以1994年為分水嶺，該年2月廢止《師範教育法》，公告施行《師資培育法》。自此原本一元的、計畫制的師範教育，改為多元的、儲備制的師資培育；原本全面的公費制與分發制，改為自費為主、甄選制的師資培育（教育部部史網站，2018）；凡公私立大學經教育部核准／認定，符合師資培育相關法規者，均可成為師資培育大學；按中學、小學、幼兒園、特殊教育學校（班）之師資類科，分別規劃。師資既改採開放式培育，課程良窳自然至關重要，教育部負有品質管制之責。因此教育部對師資職前課程，訂定《師資職前教育課程教育專業課程科目及學分對照表實施要點》，各校須依此開課並報部核定；此要點經多次修訂，現行課程係2013年修訂（教育部，2013）。

　　小學師資培育的課程有哪些？表1與表2係整理自《師資職前教育課程教育專業課程科目及學分對照表實施要點》（教育部，2013）。表1顯示小學師培課程包括五類，「教學基本學科課程」係傳授師資生學科內容知識，如：國英數社自等；「教育基礎課程」為奠定師資生基本的教育理論基礎；「教育方法課程」傳授課程與教學的知能；「分科教材教法」與「教學實習課程」則著重教學實踐知能之培養與練習；「選修課程」由各大學就師培理念、條件及特色自行規劃。

　　表2列出「分科教材教法」包括的科目及學分規定。因為臺灣國小教師採包班制教學，級任教師至少擔任國語、數學之教學，故國語與數學兩科的教材教法為必修，其他領域教材教法選擇1-2領域修習，合計至少8學分，「分科教材教法」可謂非常重要的區塊，關係著師資生能否將理論與理念在班級教學裡，順利將某科目內容以合宜教法表達出來，達成教學目標。為此，教育部邀集學者為「分科教材教法」撰寫專書，每一分科一本專書，合計44冊，成為大學用書或參考用書，以期裨益「分科教材教法」之教學品質。

表1　小學師資職前教育課程：類別與學分

課程類別		學分
教學基本學科課程		至少10
教育基礎課程		至少4
教育方法課程		至少10
教材教法與 教學實習課程	分科教材教法	至少8
	教學實習課程	至少2
選修		未規定
合計		至少40

資料來源：整理自《師資職前教育課程教育專業課程科目及學分對照表實施要點》（教育部，2013）。

表2　小學師資職前教育課程：分科教材教法的科目及學分

科目名稱	學分	
國民小學語文領域： 1.國語教材教法* 2.本土語文教材教法 3.小學英語教材教法	各2學分	• *必修：國語、數學 • 其他修習1-2領域 • 合計至少4科8學分
小學數學教材教法*	2	
小學自然與生活科技教材教法	2	
小學社會教材教法	2	
小學藝術與人文教材教法	2	
小學健康與體育教材教法	2	
小學綜合活動教材教法	2	

資料來源：整理自《師資職前教育課程教育專業課程科目及學分對照表實施要點》（教育部，2013）。

　　基於上述背景，本文目的有二，一在了解臺灣師資培育機構的小學教育學程，其「分科教材教法」的授課內容；二在討論撰寫「分科教材教法」專書的基本原則，並以實例來輔助說明。本研究採文件分析法。為了解師培機構小學教育學程的「分科教材教法」授課內容，本研究蒐集兩所大學105學年上下兩學期之「分科教材教法」課程大綱（以下簡稱「課

綱」）。這些課綱來自兩校：臺北市立大學32份、國立臺南大學19份，共
51份。包括小學師培課程中所有分科教材教法，共9科。

壹、現況：國小教育學程「分科教材教法」
課綱特徵

以本研究蒐集之兩校課綱看，國小教育學程「分科教材教法」具有的
特徵如下：

一、較多基本實務；較少進階實務、理論基礎、高層能力

課綱中占最大部分的是科目／領域簡介、主要教學法、教案設計、
試教、實務分享／觀摩與示例。相對較少的內容是：學門／領域課程之演
進與發展、統整與連貫、資訊融入、議題融入、教材教法之選用與創發、
教具與資源。綜合言之，較多基本實務、較少進階實務與理論基礎。較多
基本知能，較少高層知能，如：獨立思考能力、統整力、探究力、創新力
等，都較少觸及。

二、重現況而少過去與未來

以時間軸看，安排的主題仍以現行九年一貫課程為主，兼提十二年國
教課程（國立臺南大學全部均已介紹新課綱）；而對學門的過去發展沿革
與未來趨勢，述及很少。

三、試教與教案格式

試教幾乎是每門「分科教材教法」都會安排的活動，整學期裡大約試
教4週，占全學期約1/4，均採分組進行，每週一組。此試教大多以自己同
學為教學對象，較少以學童為對象。

撰寫教案也是「分科教材教法」都會安排的主題。然各科教案不同，
由任課教授自行決定教案格式。

四、評量與評鑑

學習評量是多數教授會安排的主題，講述如何評量學生。至於教學評鑑（對教師教學表現的評鑑）則極少觸及，有些會略提教師專業發展。

五、統整與連貫

有關課程的橫向統整與縱向連貫，課綱觸及的不多。

六、跨科與跨域

相對而言，領域內跨科統整有出現，跨多領域的統整較未見到。

七、資訊融入

專門將資訊融入列為主題者不多，多屬附帶觸及，如：以教學影片來進行教學，讓師資生知道有這類影片跟該科目／領域有關；但少將資訊課程結合該科目／領域課程去教學。

八、議題融入

整體而言，將議題融入列為主題的不算普遍，唯有些教授頗為用心於議題融入（如：社會、音樂）。

九、教學資源與教具

少數略提教學資源與教具；有些完全未提；有些列於參考資料中，未列為上課主題。

十、只教教法或僅教教材

雖名為「教材教法」，但有人專談教法（國語：識字、寫字、閱讀、寫作、聽、說、混合教學），未兼及教材（教材之編審選用研評）。也有正好相反者，僅談教材未涉教法——僅介紹學科內容，如：對健體之學科內容進行介紹，未觸及如何去教（教法）。當然，上述這類狀況很少。

十一、為師資生職涯需求做準備

設計課綱時，有些任課者會兼顧本課程與未來課程之銜接，考量師資生的職涯需求，幫助他們做準備。例如：師資生未來要去學校實習、並報考教檢教甄，因此「教材教法」老師會安排有助職涯進程的活動。例如：以「實習選校與實習應有態度」做末尾的上課主題；安排「教檢試題練習與分析」主題，協助師資生未來應考—這種應試教育的課程設計，相當務實，適度為之並無不可。

十二、任課者專長影響授課內容

任課者專長明顯影響授課內容。有些視覺藝術專長者上「藝術與人文教材教法」，僅上視藝，未觸及音樂與表藝。有些體育專長者上「健康與體育教材教法」僅教體育，未上健康；自然專長者上「自然與生活科技教材教法」有些僅教自然，未及生活科技。小學教師兼課者，有些較重實務（如：教案與試教），少觸及學理、學門／領域課程之演進與發展等。心理學專長者，則會特別討論兒童心理發展與學科學習。

值得說明的是，本研究蒐集的「教材教法」授課大綱，所顯示的僅是書面課程，跟教師的實授課程、學生體驗到的經驗課程，會有一定差距，故不宜過度推論。

貳、討論：專書撰寫原則與示例

以下對國小〔分科教材教法〕專書撰寫，說明本研究團隊提出之撰寫原則[1]（黃政傑等，2017，頁24）。並以所蒐集的課綱為示例，且指出示例出自哪位教授的課綱，以及教授任教哪所大學（臺北市立大學簡稱「北

---

[1] 本文所列10項撰寫原則，係出於本研究團隊的計畫書（黃政傑等，2017，頁24）。然該計畫書僅簡明臚列10原則，並未予以闡釋，也未提出示例，故本文將這些原則逐一闡釋，並以示例說明之。

市大」，國立臺南大學簡稱「南大」），以示尊重授課教授們的智慧財產。

一、把握教材教法在師培教育專業課程中之定位

撰寫專書的第一項原則如上。「教材教法」在師培課程裡是一承上啟下的科目，屬實作課程。通常師資生之前會修一些理論課（如：教育心理學、教學原理、課程發展與設計等），然後修教材教法，之後於畢業前再修教學實習課。由課綱看，有些教授的確會特別留意到：此科係承上啟下的銜接關鍵，而於目標中強調：此科要統整所學理論，進而化為實作。在進度安排上，也會先理論後實作，最後則安排銜接到未來教學實習課的活動。這一安排順序是頗合理的。

再者，雖然目前大學培育師資生時，所設想的目標是為正式學校培育師資，但近年教甄錄取率實在太低，所以也有教材教法的教授會調整此設想，預設師資生未來任教場域，會由學校擴大到才藝班／才藝教室—尤其是藝能科教材教法，而據此設想去提供師資生所需之學習內容。以下是相關示例。

　　•**統整已習相關課程**：在教學目標中指出「統整教育心理學、教學原理、課程發展與設計」〔社會：詹寶菁—北市大〕。

　　•**統整後實作**：在教學目標中指出「統整所學理論，化為實作」〔綜合：許瑛珍—北市大〕。以期為教學實習做準備。

　　•**設定師資生未來施教場域**：設定主要任教於學校，亦兼及才藝班／才藝教室〔藝文：盧姵綺—北市大〕。

二、整合一般教材教法研究和學科內容特性

撰寫專書的第二項原則如上。此專書是分科教材教法，除掌握一般教材教法研究外，更要整合該學科內容特性，整合後的各專書自會有不同面貌。由本研究蒐集的課綱看，各科確實會突顯該學科內容特性，切入角度各有不同，可從學門之課程發展、教學活動、教學環境、教具、教法等去突顯學科特性，以下是相關示例：

㈠**學門／學門課程之發展**
- 自然科學的課程發展與現況〔自然：陳守仁─南大〕

㈡**教學活動**
- 標點符號教學〔國語：張純─北市大〕
- 科展教學活動之落實〔自然與生活科技：蘇慧君─北市大〕

㈢**教學環境**
- 運動安全與體育課風險管理〔健體：劉仙湧─南大〕
- 場地設備（試教前報告）〔健體：黃光獻─北市大〕
- 班級經營：具備「自然與生活科技」班級經營能力〔自然：陳建志─北市大〕

㈢**教具使用與製作**
- 顯微鏡的運用〔自然：蘇慧君〕
- 數學教具的運用〔數學：李心儀、張麗卿─北市大〕
- 教具選擇與運用〔英語：柯秀娟─南大〕
- 教具製作〔自然：蘇慧君─北市大〕
- 期末教材教具發表會〔數學：李心儀、張麗卿─北市大〕

㈣**教法新趨勢**
- 戶外教學、遊戲教學、說故事教學〔自然與生活科技：蘇慧君─北市大〕
- 體育教學樂趣化〔健體：劉仙湧─南大〕
- 數學繪本、數學遊戲、問題導向學習〔數學：李貞慧─南大〕

三、與十二年國民基本教育新課綱做密切配合，也要和教學革新的政策相結合

撰寫專書的第三項原則如上，這是配合當前政策的時宜性原則。然本書並非僅為十二年國教之實施而寫，即使未來再改中小學課綱，本專書應仍具應用價值。然而畢竟十二年國教新課綱以及相關政策引出了新需求，

對於這些新需求，本專書期能提供協助。以下說明相關示例，專書可參考延伸，以滿足新需求：

- 素養導向、學習重點、教學示例分析〔本土語文：張惠貞—南大〕
- 能力指標之轉化〔綜合：許瑛珍—北市大〕
- 如何觀課與議課〔綜合：許瑛珍—北市大〕
- 體驗學習及其教學設計〔綜合：許瑛珍—北市大〕
- 生活議題融入〔自然與生活科技：蘇慧君—北市大〕
- 資訊融入〔社會：董德輝—北市大〕
- 補救教學：診斷學生學習問題〔數學：吳欣悅—北市大。數學：李貞慧—北市大〕
- 學習歷程檔案〔數學：吳欣悅—北市大〕
- 新式健康操〔健體：黃光獻—北市大〕
- 融合式音樂欣賞教學設計〔藝術與人文：沈昕&葉王強—南大〕
- 學校本位藝術課程〔藝術與人文：沈昕&葉王強—南大〕

四、與其他教育專業科目區隔，但亦要有所聯繫

撰寫專書的第四項原則如上。如前所述「教材教法」是一承上啟下的實作科目，應銜接已學／正學的教育專業科目，在此課程設定目標時，應有此理解；此外在內容安排上也應與教育專業科目有所聯繫，惟相關聯繫的討論宜適量，不宜過多。以下是某些科目／領域，可做連結之示例：

- 認知心理學〔數學：黃幸美—北市大〕
- 兒童的學習歷程與評量〔自然：陳守仁—南大〕
- 兒童繪畫階段簡介〔藝文：沈昕&葉王強—南大。藝文：盧姵綺—北市大〕

五、重視教材教法資訊的取得和利用，但也重視開發教材教法的能力

撰寫專書的第五項原則如上。此原則強調的是：專書不僅要能引導師資生對現成教材教法之資訊，懂得怎樣取得與利用，也要培養師資生具備開發能力，以創造出新教材與新教法。準此，專書要對教材教法之選擇、

運用、評析、發展、創新，能有所探討。本研究蒐集的課綱，對於教材之編、審、選、用、研、評等主題，有所觸及；然對教法之研發與創新，則未得見。

- 教材／教科書選擇與運用〔綜合：張瓊文—南大。英語：柯秀娟—南大〕
- 教材／教科書／教學影片分析〔數學：吳欣悅—北市大。社會：詹寶菁—北市大。本土語文：張惠貞—南大〕
- 教科書評析／評鑑／批判〔綜合：許瑛珍—北市大。社會：詹寶菁—北市大。國語：簡良平、何怡君—北市大〕
- 教學資源介紹與運用〔社會：董德輝—北市大〕
- 本土語文詞彙教學—教育部網站之推薦用字〔本土語文：張惠貞—南大〕

六、強化中小學教材教法的連貫並發揮各自的特色

撰寫專書的第六項原則如上。臺灣此次對中小學課綱進行改革，在總綱發展階段係將小一到高三等十二年課程做統整處理——訂定共同的理念、願景、課程目標、核心素養等，作為十二個年級的引導（教育部，2014，頁1-4）；然也在此總綱裡列出三教育階段、五學習階段等各自的學習重點（教育部，2014，頁7）。因此，「十二年國教課綱」可謂強化了中小學課程的連貫性，但也明白指出各階段的特色。本系列「教材教法」專書之撰寫，應秉持以上精神，兼顧中小學教材教法上的連貫性與獨特性。某些學科／領域，也可思考是否涉及幼小銜接，並做處理。

- 詩歌教學、古典文學教學〔國語：陳昭吟—南大〕
- 幼小銜接〔國語一年級注音符號教學：簡良平、何怡君—北市大〕

七、重視跨領域或跨科目教材教法的開發和應用能力

撰寫專書的第七原則如上。課程統整是從九年一貫課程至十二年國教課程，均強調的改革方向。因為我們要培養的是全人，切割過細的課程不利生活中相關知能的統整運用；而所謂「核心素養」，也應該是跨領域／

跨科目的統整知能之表現。若要培養中小學生具備統整的知能，當然中小學教師本身也應具備跨域的能力。因此本系列「教材教法」專書之撰寫，應培養師資生具備跨域／跨科教材教法的開發和應用能力。不唯熟悉單一科目／領域之教材教法，還能將共通之原理原則，學習遷移至相關科目／領域。由目前「教材教法」課綱看，多僅處理單一科目／領域；僅少數做了跨科探究，示例如下：

- 先探究美術、音樂，再探究藝術課程〔藝文：沈昕&葉王強—南大〕

八、兼顧領域或科目內容及教學之探究方法

撰寫專書的第八項原則如上。這是希望「教材教法」還能兼顧師資生探究能力之培養，使其能研究某領域／科目的內容與教學。前述第五原則的示例提及：引導師資生對教材進行評析，其實亦可因此讓師資生學到評析的方法——亦即一種探究法。此外，常見的教育研究法——行動研究法、準實驗研究法、內容分析法、個案研究法、問卷調查法等，也都是探究教材與教法的合適方法，可於專書中簡單舉例說明。

九、著重學理與實務之互動，提供領域／科目教材教法之實際案例

撰寫專書的第九項原則如上。這是指專書中可舉實例，以解說其中理論與實務的互動關係。目前「教材教法」課綱中出現頗多接觸實例的機會，如實際參訪班級／機構、分析教學影片、分享教學經驗等；惟無法得知師生如何分析這些實例，無從知曉能否適切闡釋理論與實務的互動關係，讓師資生理解實務與理論間的辯證關係——這是專書可著力處。以下是課綱中相關提及接觸實際案例的活動：

- 國小班級觀摩／見習
- 教學觀摩：教學影片分析〔數學：吳欣悅—北市大〕
- 學校／機構參觀，如：國教院、教科書資料中心、實小〔社會：董德輝—北市大。國語：劉惠玲—北市大〕
- 大師身影—師鐸獎得主專題演講〔國語：陳昭吟—南大〕

- 教師教學經驗分享〔社會：董德輝—北市大。國語：陳昭吟—南大。健體：劉述懿〕
- 國小健體教師教學問題與實務〔健體：廖金春—北市大〕
- 校慶運動會系列活動教材〔藝文：沈昕&葉王強—南大〕
- 博物館教育教材〔藝文：沈昕&葉王強—南大〕

十、顧及領域或科目教材教法和重要社會議題的連結

撰寫專書的第十項原則如上。「十二年國教課綱」對重要社會議題，採融入各領域／科目之方式處理，而非單獨進行議題教學。該總綱之實施要點（教育部，2014，頁31）指出：「課程設計應適切融入性別平等、人權、環境、海洋、品德、生命、法治、科技、資訊、能源、安全、防災、家庭教育、生涯規劃、多元文化、閱讀素養、戶外教育、國際教育、原住民族教育等議題，必要時由學校於校訂課程中進行規劃」。準此，本系列專書宜適度將教材教法與議題相連結。以下是相關示例：

- 社會科與重要議題教學〔社會：董德輝—北市大〕
- 議題融入藝文〔藝文：盧姵綺—北市大〕
- 生命教育融入藝文〔藝文：沈昕&葉王強—南大〕

參、總結：對專書撰寫的三項提醒

以上說明了小學教育學程「分科教材教法」的授課內容，也討論撰寫「分科教材教法」專書的基本原則和實例，以下對專書撰寫提出三項提醒，作為本文總結：

一、專書宜儘量提供完整的核心知能

本系列專書設定之讀者是「教材教法」師生、教檢教甄考生、以及在職教師，期儘量為他們提供該分科「教材教法」較完整之有系統資料，以裨益其成為該科／領域之勝任教師；故此專書應完整含括與該科「教材教法」相關之核心知能——前述十項原則即指出核心內容為何。但此專書並

非教學手冊，且篇幅畢竟有限，提供必要之核心知能即可，無須太深太細之內容。較深較細之材料，由其他專書去探究。

二、專書可發揮補強功能，提供理論基礎與進階實務

授課用的大綱與專書兩者性質不同，「分科教材教法」授課大綱更會顧及前後科目之銜接，分配給教學觀摩與試教的時間會較多，也會因應該校系的特色去設計，且更可能結合當下活動去安排——這些都是合理的課程設計。因此上述課綱之現況說明，指出倚重倚輕的現象，並非批評其均屬不當。

而本系列專書可對課綱中缺少與較少之內容予以補強。前文指出目前課綱較少內容是：學門／領域課程之演進與發展、統整與連貫、資訊融入、議題融入、教材教法之選用與開發、教具與資源等。綜合來看，授課大綱較重實務，較少理論；較多基本實務、較少進階實務。準此，專書可多多致力處，包括理論基礎、進階實務，以發揮補強功能。進階實務有哪些？例如：該科目／領域之統整與連貫、資訊融入、議題融入、教材教法選用與創發、教具與資源之研發等。學門／領域課程之演進與發展，則屬於「分科教材教法」的理論基礎之一。

三、專書要將高層認知能力之培養，訂為師資生應達之目標

前述分析發現，目前教材教法較重基本知能之傳遞，較少高層知能之培養，如師資生的獨立思考能力、統整力、探究力、創新力均鮮少觸及。而十二年國教課程的這一波改革，延續了九年一貫課程的精神，繼續強調培養獨立思考能力、統整力、探究力、創新力等高層認知能力。

在師資生的教材教法課程裡，這些高層能力理應被重視並培養。因此，師資生不僅要會運用現有教材、教法、教具、資源，還應該能進行探究，以判斷其優劣得失，進而創發新教材、新教法、新教具、新資源。再者，師資生不僅要了解單一科目／領域的教材教法，還應該能夠以單科為核心，去跨科跨域做統整，並融入相關議題。對於本系列專書撰寫而言，意味著我們要將高層認知能力之培養，設定為師資生應達成的目標。

參考文獻

教育部（2013）。**師資職前教育課程教育專業課程科目及學分對照表實施要點**。取自http://edu.law.moe.gov.tw/LawContent.aspx?id=GL001133

教育部（2014）。**十二年國民基本教育課程綱要總綱**。取自 https://www.naer.edu.tw/files/15-1000-7944,c639-1.php?Lang=zh-tw

教育部（2018）。**中華民國教育部部史網站**。取自http://history.moe.gov.tw/policy.asp?id=5

黃政傑、王垠、王麗雲、吳俊憲、林永豐、洪詠善、張民杰、張芬芬、鄭章華（2017）。**分科教材教法專書編輯計畫一新課程實施之中小學師資培育配套一新課程實施之中小學師資培育配套**。取自https://drive.google.com/file/d/0B_dJRqINHDYTQXJWaDVTanU4Q3M/view

第四章

中等學校分科教材教法
課程內涵分析

張民杰
國立臺灣師範大學師資培育學院教授

壹、前言

一、研究的背景與動機

　　Shulman（1986）將教師知識的內容分成三個範疇，包括：學科內容知識（subject matter content knowledge）、教學內容知識（pedagogical content knowledge）和課程知識（curricular knowledge）。依據現有《師資培育法》第三條規定：師資職前教育課程包括普通課程、專門課程和教育專業課程。普通課程係培育教師人文博雅及教育志業精神之共同課程；專門課程為培育教師任教學科、領域、群科專長之專門知能課程；教育專業課程為培育教師依師資類科所需教育知能之教育學分課程（教育部，2017）。而教育專業課程目前又分為教育基礎課程、教育方法課程、分科教材教法與教學實習課程。專門課程明顯的就是教導師資生學科內容知識，而教育專業課程的教育基礎課程和教育方法課程教導的是課程知識，而分科教材教法課程指的就是教學內容知識這個範疇。

　　由於教學內容知識橋接了學科內容知識和課程知識，突顯了其在師資職前課程的重要性。Shulman（1987）進一步將教師知識範疇，再細分為以下七大部分：內容知識，一般教學知識與班級經營策略，課程知識，學科教學知識（亦即教學內容知識），學習者及其特徵的知識，教育情境的知識，教育宗旨、目的、價值的知識及其哲學與歷史基礎。而在這七大知識範疇中，Shulman再次強調學科教學知識的重要性，因為我們能依此辨識教學知識的獨特體系，它呈現了內容知識和教育學知識的混成，對特定主題、問題，如何組織和呈現，以適應學習者不同興趣和能力的理解，而學科教學知識也是最能作為學科內容專家和教學者之間的區隔。

　　然而臺灣在1994年師資培育法公布後（當年2月9日生效），舊有的師範校院體系紛紛尋求轉型成為綜合大學、或跟鄰近學校合併為一般大學，師資培育功能漸漸地已經大部分不再是學校培育人才及辦學的主要目的。在追求學術研究發展的過程，研究教學內容知識的大學教師愈來愈匱乏，而能夠勝任師資職前課程中，分科／領域／群科教材教法的師資也愈來愈

少。因此，如何建立師資培育大學聘用研究教學內容知識、嫻熟分科教材教法的師資制度，以及編製研發教學內容知識的教材，即各分科教教材法的教科書或專書，對健全我國師資培育制度，具有高度的重要性和價值，而在這類師資已經青黃不接的關鍵時刻，更顯得具時代意義。

二、研究目的與方法

本研究的目的，主要為因應師資職前教育課程分科教材教法專書之編撰，針對現有師資培育大學分科教材教法的授課內涵進行分析，目的在於了解現行中等學校一般師資類科（不包括技術型高中類科），其分科教材教法的授課內涵，以提供前揭專書編撰之參考。

而本研究之方法，主要以文件分析為主。由於師資職前教育專業課程受到師資培育法及教育部相關法令規範，並要求陳報教育部核定，因此各師資培育大學開設的課程均相同，因此文件分析的對象乃找兩所涵蓋中等學校一般類科最多的師範大學，其教材教法授課大綱為分析的對象；科別的範圍包括：國文、英語（文）、數學、歷史、地理、公民、物理、化學、生物、地球科學、生活科技、體育、健康教育（健康與護理）、美術、音樂、表演藝術、家政、童軍、輔導活動、資訊科技等20科。而課程大綱制訂的時間則在105學年度的上、下學期。

另因教材教法課程銜接教育方法課程之後，兩者應該有所連貫和統整，因此輔以訪談教育方法課程及教材教法課程之授課教師，以釐清文件分析時的發現和疑問，做資料的交叉檢證。

貳、現況

依上述分科教材教法的課程大綱文件分析的結果，發現現有分科教材教法因為目前各師資培育大學的教育專業課程，依照修法前的師資培育法及教育部訂定之《師資職前教育課程教育專業課程科目及學分對照表實施要點》（2013年6月17日生效）（教育部，2013）訂定，因此在課程架構

上都是相同的2學分課程。內容有以下情形：

一、課程綱要、教案編寫、教學策略與方法、試教等是主要涵蓋的內容

依照課程大綱所做的文件分析，20科教材教法中有10科以上的課程大綱涵蓋的內容，列為本節所稱教材教法主要涵蓋的內容，計有以下四項：

㈠ 現行課程綱要

是各科教材教法課程一開始必定會涵蓋的內容，例如：化學科教材教法內含有現行國、高中化學科課程綱要；家政科教材教法有國中階段綜合活動領域家政專長課綱、高中家政科及高職家政群課綱；健康教育有課程之演變、課程發展、現行健康教育課綱解析與討論；資訊科技教材教法包括演進史討論、高中資訊科技概論課綱討論等。

㈡ 教學策略或方法

各種教學策略和教學方法，是各科教材教法接著會設計的課程內容。這部分的設計通常都是將教材和教法融合在一起，例如：音樂有音樂基礎、歌唱、演奏、創作、欣賞五個主題的教材教法；體育有體適能、球類、體操、田徑四個主題的教材教法活動設計；輔導活動包括多元智慧、品德教育／服務學習、情緒教育、人際關係與溝通、生涯探索與發展等五個主題的理念與教學策略；健康教育：說明式教學方法（講述、故事、討論）、探究式教學方法（概念獲得、探究教學）、實踐式教學方法（示範教學、練習教學）、活動式教學方法（角色扮演、模擬遊戲、專題設計）、價值導向教學方法、問題解決教學方法，並搭配各種健康教育教材內容進行教學等。

㈢ 教案（教學活動設計）的編寫

教案或稱為教學活動設計，其編寫事實上就是將理論化為實作，是各科教材教法第三個會設計的課程內容。各科教材教法課程內容雖然所用詞句不太一樣，例如：教案編寫原則與敘寫方式、教案示例與討論、教學計畫編寫與單元設計、試教的教案設計，但都是指稱教案或教學活動設計，

是教材教法上課必備的主要內容。

㈣試教、教學演示或預演

相對於教案編寫的靜態實作，試教、教學演示或預演則是動態實作，絕大部分的教材教法會設計作為課程後面階段的課程內容，例如：地理科教材教法規定每位師資生須至少教學演示、講評與全程錄影各一次，還規定必須自製教具和圖板；物理科或化學科的每位學生都必須試教，以及教學演示後之同儕討論、回饋與省思；體育科教材教法的微型教學、小組實地教學等。

二、教師信念、課程沿革、教育心理學、媒體與評量是較少涵蓋的內容

依照授課大綱所做的文件分析，20科教材教法中有9科以下，超過3科的課程大綱涵蓋的內容，列為本節所稱教材教法較少涵蓋的內容，計有以下七項：

㈠教師信念與能力

培養堅持教育理念的勇氣及奉獻的熱忱，例如：地理科培養為中學地理教育奉獻的精神；公民科培養堅持教育理念的勇氣及奉獻的熱忱；化學科完成一個具備「勝任老師」的特色；還有了解中等學校家政教師或資訊科技概論科教師應具備之能力等。

㈡該科教育或課程的回顧與前瞻

各科教育或課程演進史、現況分析、教科書編審與版本比較等，例如：能理解中學歷史教育（社會領域）的發展與特色；了解中學音樂課程之發展與特色等。

㈢教育心理學、認知心理學、青少年身心特質與學習需求

例如：音樂科有熟悉青少年心理、生理特質與音樂學習之關係；生活科技包括使學習者能夠了解與科技教育教學策略相關的教育理論或認知心理學理論等。

㈣ 教學媒體運用

網路多媒體資源，例如：生物科教材教法有教學媒體的應用；歷史科有了解如何使用媒材輔助歷史教學；數學科包括教學影片分析；國文有板書書寫要領等。

㈤ 學習評量

命題原則和命題技巧、教學歷程檔案、多元評量、考試現況與問題，例如：國文科有多元評量的認識、考查學習效果與實施補救教學；歷史科包括了解教學評量的目的與方法，了解多元評量的設計與運用。

㈥ 班級經營

教師教學時的班級經營，例如：了解高中資訊科技概論有一般教室和電腦教室兩種情境；物理實驗室的管理；理解數學教學現場之班級經營技巧等。

㈦ 領域內跨科的教材設計與教學活動

跨科的設計，例如：美術科有了解藝術與人文教學原理與實務、教學設計結構及模式、教學活動設計及案例評析；家政與童軍跨科的教學活動設計等。

三、課程綱要論及的教學特色

依照授課大綱所做的文件分析，20科教材教法中有3科以下的課程大綱涵蓋的內容，列為本節所稱分科教材教法課程所設計的特色活動，包括有教學參觀、教學見習、觀課議課、邀請中學教師蒞校演講教師甄選和教學經驗分享、師資生概念晤談、歷史博物館史蹟考察、自編教材、專書導讀等。這些課程內容大概都是利用一週至兩週的時間，規劃的科別也不多。

參、討論

經過各科教材教法的課程大綱分析，輔以訪談的交叉檢證，有以下四點提出來討論：

一、教材教法的內涵應配合現行課程綱要

分析現有的各科教材教法課程大綱，都會提到高中的課程綱要，以及九年一貫課程綱要，該科的領綱。各科的教學目標和教材內容，也會以此作為基礎讓師資生學習。可知，課程綱要總綱和各學習領域或各科領綱是教材教法的主要內容。而這部分的內容，會隨著課程綱要的修訂而更改，例如目前十二年國民基本教育總綱已經於2014年11月公布（教育部，2014），緊接著各領域的領綱也將陸續公布，未來這部分的教學內容就應該隨著調整。附帶的，因為課程發展有其歷史沿革，因此介紹課程綱要時，也需要花課堂上一點時間，讓師資生了解課程綱要修訂的簡要歷史沿革。

二、分科教材教法的教學設計應將教材和教法融合在一起

從課程大綱分析得知，各科教材教法由於只有2學分，一週兩小時的課程，因此教學上務求統整和連貫，所以教材和教法應融合設計，如前述所舉實例外，另外像生活科技科，了解科技教育教學策略與方法應用於實作活動設計的要點與實施；國文科教材教法「範文教學」之準備活動、發展活動與綜合活動，包含了題文講解、作者介紹、詞語教學、句子剖析、分段讀講之文義探究、深究與鑑賞等教學內容。

揆諸上開情形，對於以往黃政傑（1985）所提：「教材教法的課程在傳統師資職前教育，實際上偏重任教學科知識的教學，不重視教學法的知能，以至許多學生輕忽教學法的學習，即使教師有傳授教學法，大部分亦著重教學法知能的教導，重理論而輕實作與應用，以致許多學生能知而不能行的情況」，已經有許多改善。未來教材教法的課程設計，也應該繼續朝融合教材和教法的方向，甚至在教學方法上，也要有分科的特色，

以與「教學原理」教導的教學法區隔。例如音樂科有柯大宜（Kodaly）、奧福（Orff）、達克羅士（Dalcroze）、鈴木（Suzuki）、戈登（Gordon）等教學法與課堂教學應用；地球科學科教導STS（Science, Technology, and Society）、壁報製作和展示、科學探究、科學探究訓練、組織因子、概念達成、5E學習環教學模式，包括：參與（Engagement）、探索（Exploration）、解釋（Explanation）、精緻化（Elaboration）、評量（Evaluation）等學科特有的教學方法。

三、教案編寫的格式各有特色，而試教時間長短須逐步漸進

各科教材教法課程大綱並未見到要求師資生教案撰寫的格式，以及要求撰寫的教學時數，但一般都以傳統教案格式，並以一節課居多，或一個單元的教案編寫。但Wiggins與McTighe（2005）提倡的逆向設計（backward design），先考慮評量活動，再來思考教學活動的做法和設計的教案格式，也值得參考；再來，由於「教學原理」這門教育專業課程的課程內容，就有教學目標、教學活動設計，並進而初步編寫教案，因此在分科教材教法的教案編寫，以至於未來在教學實習課程、半年教育實習，都有教案編寫或教學活動設計，應該做逐步漸進的加深和加長設計的範圍和時間。分科教材教法的試教，也建議以微型教學（micro-teaching）的方式為之（Altman, & Ramirez, 1971; Joshi, 1996），以為前後課程之區隔。

四、分科教材教法與其他教育專業課程內涵的關聯度

教育專業課程包括：教育基礎課程，其中有教育概論、教育心理學、教育哲學、教育社會學等四個科目；教育方法課程，其中有課程發展與設計、教學原理、學習評量、教學媒體與運用、班級經營、輔導原理與實務等六個科目；教材教法與教學實習課程，包括分科教材教法和教學實習，還有其他選修課程。而修習的順序，先是教育基礎課程、再來是教育方法課程，最後是教材教法和教學實習課程，而選修課程則分散在整個修習歷程。誠如張世忠（1999）所言，各科教材教法是應用所學的教育基礎理論，如教育心理學、教學原理等課程，將它實際展現在教學情境中，而嚴

謹有效的教材教法訓練，將會影響教學實習或教育實習教學品質的表現。可知，分科教材教法處在教育專業課程非常關鍵的位置。

　　分析這20科的課程大綱發現，不論是哪一科教材教法的課程大綱，其設計均與課程發展與設計、教學原理，關聯度最大；而學習評量、教學媒體與運用、教育概論、教育心理學、教育哲學、班級經營則稍有涉及；至於教育社會學、輔導原理與實務的內涵，幾乎都未涉及，未有關聯。至於分科教材教法是教學實習的擋修課程，如何連貫與區隔，也是設計分科教材教法時要思考的。

肆、結論與建議

　　根據上述文件分析、結果討論，做成以下三點結論，並提出八點在編寫分科教材教法教科書或專書的建議。

一、結論

　　本文因有以下三項結論：

㈠ 分科教材教法居教育專業課程地圖關鍵位置

　　分科教材教法乃學科教學知識，是學科內容知識和課程知識的交集，而其處於教育專業課程教育基礎課程、教育方法課程，銜接教學實習課程的關鍵位置，對師資職前教育課程的重要性，非常明顯。

㈡ 分科教材教法主要的內容在課綱、教學策略、教案與試教

　　而分科教材教法主要的內容，包括現行課程綱要、教學策略或方法、教案（教學活動設計）的編寫、試教或教學演示或預演；較少的內容包括：教師信念與能力、該科教育或課程的回顧與前瞻、教育心理學、認知心理學、青少年身心特質與學習需求、教學媒體運用、學習評量、班級經營、領域內跨科的教材設計與教學活動等，另外還有些教材教法或有安排現場教師到課堂上分享教學或教師甄選經驗、或帶領師資生到中學進行教學參觀、見習、考察、或師資生自編教材、專書導讀和概念晤談等。

(三) **分科教材教法與課程發展與設計、教學原理兩科的關聯最大**

　　分科教材教法與其他教育專業課程的關聯，以課程發展與設計、教學原理兩科的關聯最大，學習評量、教學媒體與運用、教育概論、教育心理學、教育哲學、班級經營稍有關聯和涉及，而和教育社會學、輔導原理與實務等的內涵，就少有關聯。由於分科教材教法只有2學分，每週只有2節課，因此其課程設計需連貫統整，才能夠將擬訂的課程內涵教導給師資生，達到預定的學習目標。

二、建議

　　本文因而有以下八點建議：

(一) **未來課程綱要的分析應改採十二年國民基本教育課程綱要**

　　因為總綱已經公布，也可以將九年一貫課程與之比較，加深師資生對課程綱要修訂沿革的了解。

(二) **教材教法的教學方法與教學原理的一般教學方法要有區隔**

　　分科教材教法所教導的教學方法應是具有學科特性的教學方法，如：STEM教學、柯大宜（Kodaly）教學法、範文教學等。

(三) **教案設計格式要求統一還是保有各科特色**

　　是要傳統教案設計格式、或改採逆向設計（backward design），建議應該與時俱進，讓師資生對重理解的課程設計（understanding by design）及其教案編寫格式有所認識。

(四) **試教有助於總整課程（capstone curriculum）的形成，但也要思考和先前的教學原理及後來的教學實習有區隔和連貫**

　　有些師資培育大學的分科教材教法是採用在課堂上同樣修習的師資生進行試教（俗稱假試教），教學實習再讓師資生面對中小學學生進行試教（俗稱真試教），甚至有些授課教師在教學原理也會有試教（例如採用微型教學進行），應該加以區隔和連貫。

(五) 增加分科學習評量的課程內涵

併同教學媒體與應用、班級經營，融入教案設計與試教過程。

(六) 課程內容增列跨領域或領域內跨科的教材設計或教學

目前只有少數科別的教材教法有領域內跨科的教材設計和教學，未來可再增加跨領域的課程設計與教學。

(七) 教案編寫融入議題和素養導向教學與評量

十二年國民基本教育課程綱要總綱有人權、性平、海洋、環境等19項議題，並強調核心素養的素養導向教學與評量，課程內容應評估讓師資生融入教案設計的可行性。

(八) 建議未來教材教法專書也可作為專門課程廣泛參考

目前綜合活動領域的專門課程，有三個科目：綜合活動學習領域概論、綜合活動學習領域課程設計與實施、綜合活動學習領域教學與評量（三選二）、社會學習領域有兩個科目：社會學習領域概論、社會學習領域課程設計（必修）。健康與體育學習領域兩個科目：健康與體育學習領域概論、健康與體育學習領域課程設計（健康教育課程設計／體育課程設計）（必修）。在專門課程、教育專業課程，到分科教材教法課程之間，師資生又多了涉略學科教學知識（Pedagogical Content Knowledge, PCK）的機會，這也是領域內跨科課程設計的機會，建議分科教材教法專書，也要考慮供這些課程參考。

參考文獻

黃政傑（1996）。**教材教法的問題與趨勢**。臺北市：師大書苑。

張世忠（1999）。**教材教法之實踐－要領、方法、研究**。臺北市：五南。

教育部（2017）。**師資培育法**。檢索自：http://edu.law.moe.gov.tw/LawContentDetails.aspx?id=FL008769&KeyWordHL=&StyleType=1

教育部（2014）。**十二年國民基本教育課程綱要總綱**。臺北市：教育部。

教育部（2013）。**師資職前教育課程教育專業課程科目及學分對照表實施要點**。檢索自：http://edu.law.moe.gov.tw/LawContent.aspx?id=GL001133

Altman, H. B. & Ramirez, A. G. (1971). Beyond micro-teaching: Some first steps in individualizing preservice training for foreign language teachers. *The Modern Language Journal,55*(5), 276-280.

Joshi, S. M.(1996). *Effectiveness of micro-teaching as technique in teacher preparation programme.*University of Baroda.

Shulman, L.(1986). Those who understand: Knowledge growth in teaching. *Educational Researcher, 15*(2), 4-14.

Shulman, L.(1987). Knowledge and teaching: Foundations of the new reform. *Harvard Educational Review, 57*(1), 1-22.

Wiggins, G., &McTighe, J. (2005). Understanding by design(Expanded 2nd ed.). Alexandria, VA: ASCD.

十二年國教課綱特色
與教材教法實踐重點

洪詠善
國家教育研究院副研究員

壹、前言

十二年國民基本教育課程綱要包含總綱，以及依據總綱發展之領域／科目／群科課程綱要與特別類型教育課程綱要。課綱理念內涵之特色體現於實踐之文本，而教材教法至為關鍵。本文主要闡述十二年國民基本教育課程綱要之研修特色，及其對於教材教法研發之意涵與重要原則方向。

貳、十二年國教課綱研修背景與願景理念

課綱為課程發展、教材教學設計實施的依據，亦為支持學生學習的指引。面對人口日趨少子女化和高齡化、多元文化接觸日益密切、資訊發展日益快速、新興工作日益增加、民主參與日益蓬勃、在地及生態永續意識日益覺醒等趨勢，課程綱要研修必須回應個人發展、社會變遷及國際趨勢。近十餘年來，臺灣社會、文化、科技與產業的發展與轉型，教育創新多元的價值備受重視，「學習」的意義在「學與用」、以及「自我實現與國家競爭力」之間不斷被提問與辯證。2014年實施十二年國民基本教育，以適性揚才為願景，從國家教育權轉而更為強調學生學習權，彰顯學習主體之教育價值。因此，課綱發展立基於全球意識、國際與臺灣社會趨勢、本土關懷及學習發展的理解，其內涵說明如下（國家教育研究院，2014b；教育部，2014）。

一、課程理念

十二年國民基本教育課程綱要理念，乃從相關法令及十二年國民基本教育政策等，以及各學習階段學生所需具備的核心素養研究等論述形塑之。

㈠課程願景：「成就每一個孩子─適性揚才‧終身學習」

願景是最終希望實現的圖像，具有目標、使命及核心價值。當前教育改革從關注「教師的教」轉而更為強調「學生的學」。

　　《教育基本法》指出教育應致力開發個人潛能，協助個人追求自我實現；《國民教育法》及《高級中等教育法》也以學習者的身心健全及潛能發展為其教育目標。

　　此外，十二年國民基本教育提出「提升中小學教育品質」、「成就每一個孩子」、「厚植國家競爭力」三大願景，以及「有教無類」、「因材施教」、「適性揚才」、「多元進路」、「優質銜接」五大理念。2013年12月4日公布的《教育部人才培育白皮書》指出，人才培育必須尊重個別差異、因材施教，並建立終身學習的社會，……以達「培育多元優質人才，共創幸福繁榮的社會」。

　　國家教育研究院於2008年開始啟動的「中小學課程發展之相關基礎性研究」計畫，包含國際發展趨勢、現況分析及學理基礎探究等[1]。綜合研究發現：1.學生的學科態度和信心對於閱讀、數學和科學成就皆有顯著正向影響，建議未來課程綱要的修訂應重視學科的情意目標，特別是須提高學生的學習自信心及學習動力；2.學生學習態度應首重培養其主動學習的態度與解決問題的能力，並且提升學生在教育的期許及對自我能力的肯定，才能有效開發自我潛能，促進能力之表現與發展；3.未來課程的推展理念，必須使課程與人發生關聯，展現出意義感、幸福感共構的課程協作社群；4.學校的主要教育任務是在激勵學習者自主學習能力的自信，「勝任自己」與「肯定自己」乃是所有人類在變遷社會中最為需要的終身學習動力來源，並提出「生命的喜悅、生活的信心、學習的渴望、創造的勇氣」之教育目標。

　　綜上，十二年國民基本教育課程總綱以「成就每一個孩子」為願景，

1　「中小學課程發展之相關基礎性研究」自2008年起啟動。2008-2010年的「課程檢視與後設研究彙整」、「課程發展趨勢、機制及轉化」兩大區塊研究，計8項整合型計畫，共計45項子計畫；2011-2014年的「國民中小學課程綱要雛型擬議之前導研究」、「臺灣變遷趨勢對K-12課程的影響」、「後期中等及學前教育研究」、「研擬中小學一貫課程體系指引」等四大區塊研究，計17項整合型計畫，共計87項子計畫。

結合十二年國民基本教育的「適性揚才」以及核心素養的「終身學習」理念，共同努力達到「成就每一個孩子─適性揚才・終身學習」的願景。

㈡ 基本理念：「自發、互動、共好」

隨著社會的進展與人類自身理解的反思，課程理念不但需涵蓋個人自我實現、國民基本素質，更應廣及身為地球公民的責任與倫理。十二年國教課綱發展要能導向永續發展的共好生活，其基本理念「自發、互動、共好」意涵：

1. 自發：教育的重要價值在促進學習者主體生命之開展與完成，學生是主動的學習者，不只是被動的等待、承受，亦能主動的參與、創造。課程發展在「人與自己」層面，重視學生的主體性，除了培養基本知能與德行，也應保有學生的學習動機與熱情，進而培養進取及創新精神，以能適性發展、悅納自己、自主學習並展現生活的自信。

2. 互動：世界萬物並非獨立存在，而是彼此相互連動依存。課程發展在「人與他人」、「人與社會」及「人與自然」層面，重視學生語言、符號、科技的溝通及思辨能力，尊重、包容與關懷多元文化差異，並與他人團隊合作，豐富自然事物的體驗與身體動作的感受，進而深化生活美感的素養。此外，能將學習課題與他人、環境產生更多的互動及連結，在生活、社區中實踐所學、積極貢獻社會，並能擁有國際競爭力。

3. 共好：以生命為中心的全人教育，學習不在只求自身的發展，更須透過教育網絡間的互動共創，引導朝向自我生命、他人生命、社會生活及自然環境之間的圓滿完整。課程發展在「人與自己」、「人與他人」、「人與社會」及「人與自然」層面，能珍愛生命、愛護自然、珍惜資源，培養對社會文化、土地情感及全球視野，促進社會活動的主動參與、自然生態的永續發展及彼此更好的共同生活，以體現生命價值。

二、課程目標

課程改革在社會脈絡下，面臨「全球化」發展、「本土化」的現實意識、「個別化」的多元智能與主體學習等需求。十二年國民基本教育總綱

的共同課程目標為「啟發生命潛能、陶養生活知能、促進生涯發展、涵育公民責任」。

　　課程的發展應由培養孩子成為一個「人」的角度出發，而此「人」乃是能夠開展自己生命經驗的主體，透過自發性與引導，能與周遭他人、環境與社會文化互動，進而能夠達到生命的成長及圓滿。於此，十二年國民基本教育以「成就每一個孩子—適性揚才・終身學習」為課程願景，結合「自發、互動、共好」的理念，使課程以生命主體的開展為起點，透過學習者的核心素養培養、身心健全發展，讓潛能得以適性開展，進而能運用所學、善盡責任，成為學會學習的終身學習者，以使個人及整體的生活、生命更為美好。

參、十二年國教課綱內涵特色與教材教法實踐重點

　　十二年國教課綱主要特色為素養導向、連貫統整、多元適性、與彈性活力，各領域科目教材教法發展與實施要能夠呼應以實踐之，分別說明如下：

一、素養導向的課程與教學

　　十二年國教課綱以核心素養為課程與教學連貫統整的主軸，秉持全人教育的理念，透過與生活情境的結合，學生能夠理解所學，進而整合和運用所學，解決問題、推陳出新，成為與時俱進的終身學習者，其意涵作用與實踐原則分述如下（國家教育研究院，2014a；洪詠善，2018）：

㈠核心素養的意涵

　　孩子的主體生成是一種建構的歷程，此種建構必須落實在現實情境及人我的互動中。課程綱要以「核心素養」作為課程發展之主軸。「核心素養」是指一個人為適應現在生活及未來挑戰，所應具備的知識、能力與態度，它是融合認知、技能和情意，經內化後的綜合表現，不僅能幫助學生積極回應個人的及社會的生活需求，同時迎接現在與未來的挑戰，包括使

用知識、認知與技能的能力，以及態度、情意、價值與動機等。核心素養乃彰顯學習者的主體性，強調學習不宜以學科知識為限，而應關注學習與生活的結合並能整合運用於「生活情境」，透過實踐力行而彰顯學習者的全人發展。

十二年國教課綱核心素養強調培養以人為本的「終身學習者」，包括：「自主行動」、「溝通互動」、「社會參與」三大面向，以及「身心素質與自我精進」、「系統思考與解決問題」、「規劃執行與創新應變」、「符號運用與溝通表達」、「科技資訊與媒體素養」、「藝術涵養與美感素養」、「道德實踐與公民意識」、「人際關係與團隊合作」、「多元文化與國際理解」九大項目。核心素養的培養是學習者在學習過程中不斷積累的歷程。三面與九項核心素養彼此之間係整全式（holistic）、動態的（dynamic）及有機的（organic）之關係，儘管三面九項可分不同的面向與項目，但彼此之間是相互連結及交互運用。例如：學生探究與嘗試解決社區環境汙染問題時，其學習歷程交織整合了如「系統思考與解決問題」、「科技資訊與媒體素養」、「道德實踐與公民意識」、及「人際關係與團隊合作」等核心素養。此外，核心素養乃透過生活情境加以涵育，並能整合活用於生活情境，以能使學習者適應現在生活與面對未來的挑戰的終身學習者。

㈡ **核心素養之發展與作用**

總綱核心素養引導轉化各領域／科目核心素養。如圖1所示，各領域／科目理念目標結合核心素養，引導學習表現與學習內容之發展。

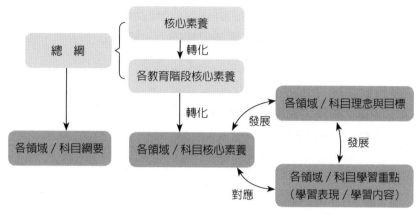

圖1 核心素養在課程綱要的轉化及其與學習重點的對應關係[2]

　　總綱與領綱核心素養的關係與轉化實踐說明如下：

　　1. 總綱核心素養的培養原則：總綱核心素養培養須秉持漸進、加深加廣、跨領域／科目等原則，可透過各教育階段的不同領域／科目學習來達成，同時強調學校本位課程發展，結合部定與校訂課程整體規劃與實施。

　　2. 核心素養與各領域／科目課程內涵的對應關係：各教育階段／科目的課程內涵應能呼應所欲培養的核心素養，並透過學習內容、教學方法及學習評量三者的綜合運用，將各領域／科目課程內涵與核心素養的呼應關係具體地展現出來。

　　3. 各領域／科目「核心素養」與「學習重點」的呼應關係：各領域／科目學習重點係由該領域／科目理念、目標與特性發展而來，各領域／科目學習重點於發展時，會與各領域／科目核心素養進行雙向檢核，因此確保學習重點發展能夠與核心素養呼應。以表1語文領域—國語文國民中學教育階段學習重點與核心素養「A2系統思考與解決問題」呼應表參考示例為例，國語文課綱學習重點發展歷程中，除考量學科本質外，同時結合該教育階段核心素養發展與之呼應的學習重點（學習表現與學習內容），

2　本圖引自2014年2月17以臺教授國部字第1030007735號函發布之〈十二年國民基本教育課程發展指引〉，頁8。

據此，教材發展者與教學者，透過課程與教學設計與實施，引導學習者運用閱讀策略，整合跨領域知識，培養思辨能力，應用於生活中，轉化為解決問題的能力。

表1　語文領域—國語文國民中學教育階段學習重點與核心素養「A2系統思考與解決問題」呼應表參考示例

語文領域—國語文學習重點		語文領域—國語文核心素養
學習表現	學習內容	
5-IV-4應用閱讀策略增進學習效能，整合跨領域知識轉化為解決問題的能力。 5-IV-5大量閱讀多元文本，理解議題內涵及其與個人生活、社會結構的關聯性。	©Bd-IV-1以事實、理論為論據，達到說服、建構、批判等目的。	國-J-A2 透過欣賞各類文本，培養思辨的能力，並能反思內容主題，應用於日常生活中，有效處理問題。

　　教材教學發展與實施者可以參考各領域／科目課程綱要附錄一「領域學習重點與核心素養呼應表參考示例」，了解各領域／科目學習重點與核心素養的呼應關係，並且據以發展領域，以及跨領域／科目相關教材與教法以落實素養導向課程與教學。

　　綜言之，十二年國教課綱以核心素養強化中小學課程之連貫與統整，素養落實則要關注總綱與領綱的核心素養、各領域／科目基本理念與課程目標及學習重點；素養的培養要透過素養導向課程與教學之實踐。

㈢**素養導向教材教學實踐的原則與相關資源**

　　核心素養的學習有賴於素養導向的教學設計與實施。教學設計與實施掌握四項基本原則，以培養學習者具備三面九項核心素養：（洪詠善、范信賢，2015；洪詠善，2018）

　　1. **整合知識、能力（包含技能）與態度**

　　教師應調整偏重學科知識的灌輸式教學型態，朝向整合知識、能力與態度的完整學習；以學習者為主體，透過提問、討論、欣賞、展演、操作、情境體驗等學習策略與方法，引導學生創造與省思，提供學生更多參

與互動及力行實踐的機會。以國語文教學為例，除了課文內容的學習之外，應培養學生能廣泛閱讀各類文本，可運用科技、資訊及媒體所提供的各種素材，進行檢索、擷取、統整、閱讀、解釋及省思，並應用於其他領域學習，以及活用與生活情境中。

2. 重視情境與脈絡的學習

教材與教學設計，無論布題或布置任務，能夠重視情境與脈絡化有意義的學習，引導學生能主動地與週遭人、事、物及環境的互動中觀察現象，尋求關係，解決問題，並關注在如何將所學內容轉化為實踐性的知識，並落實於生活中。以數學領域國小五年級「正方體與長方體」為例[3]，教材與教法設計重在鋪陳學習情境與關注學習活動間的脈絡，引導學習者透過禮物包裝盒創意設計任務（包含學習評量規準），在實作中理解長方體與正方體外，並能以美感與創意設計禮物盒，將數學學習與生活情境有意義的結合。

3. 重視學習的歷程、方法及策略

教材與教學設計，除了知識內容的學習之外，更應強調學習歷程及學習方法的重要，以使學生喜歡學習及學會如何學習。以自然科學領域教學為例，除了教導自然科學的重要概念或事實之外，應培養學生能從觀察、實驗／實作的歷程，學習探索證據、回應不同觀點，並能對問題、方法、資料或數據的可信性進行檢核，進而解釋因果關係或提出可能的問題解決方案。

4. 強調實踐力行的表現

教材與教學設計要能提供學習者活用與實踐所學的機會，並關注學習者的內化以及學習遷移與長效影響。以藝術領域教材教學模組[4]為例，高中學生以設計思考，應用各領域（美術、物理、健康護理、數學等）所

3　該案例為數學教材教學模組研發成果之一，歡迎至國家教育研究院協力同行網站（12cur.naer.edu.tw）「課綱實施支持資源」下載瀏覽。

4　該案例為藝術領域教材教學模組研發成果之一，歡迎至國家教育研究院協力同行網站（12cur.naer.edu.tw）下載參考。

學，為不同需求者設計燈具；或運用參與式設計法規劃執行生活美感環境營造[5]等。又如社會領域教學為例，除了教材中的知識學習外，應培養學生具備對社會公共議題的思辨與對話，以及進行探究與實作，發展如民主溝通互動、團隊合作、問題解決、社會參與等公民實踐素養，透過實踐力行將所學應用於生活情境各種問題。

綜上，素養導向教材教學設計與實施時要能參照總綱核心素養、各領域／科目核心素養與學習重點，並且掌握基本四項原則，圖示如下。更重要的是教材發展者與教學者能夠視學生學習需求、學校特色與資源等靈活轉化以不斷創生以豐富與支持學生學習。

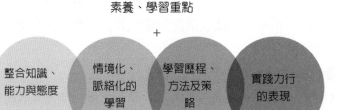

圖2　素養導向教材教學設計與實施四原則

國家教育研究院為支持教材編輯與教學者對新課綱的理解與實務需求，自103年起陸續發展各領域／科目素養導向教材教學模組，包含國語文、英語文、數學、自然科學、生活課程、社會、科技、藝術、綜合活動、健體與體育等領域。

此外，為能促進各界理解各領綱之重要內涵，及支持學校、教師試行與實施新課綱之參考，積極研發各領域／科目課程手冊，其重要目的為：(1)為落實學生適性選修課程，建立完整課程架構，描繪升學及職涯進路

5　該案例如亞太美感教育研究室生活與環境美感教育課程實驗方案，歡迎至國家教育研究院亞太地區美感教育研究室網站（http://apoae.naer.edu.tw/）下載參考。

關係，供教師選課輔導、學生選課參考與大學院校選才採參；(2)解析各
領綱之重要內涵，提供各界理解課綱之內涵；(3)分析新舊課綱差異，提
供規劃銜接課程、教材編選與教學實施參考；(4)作為學校發展課程、教
師教學實施、教材研發之參考。

　　各領域課綱課程手冊之章節，包含有「發展沿革與特色」、「課程架
構」、「核心素養與學習重點的呼應說明」、「學習重點解析」、「素養
導向教材編寫原則」、「議題融入說明」、「教學單元案例」、「新舊課
綱課程實施銜接分析與建議」、「課綱Q & A」等內容。課程手冊之研發
成果係為參考性質，期待教材研發者、學校課程與教學設計者、教學者等
能自行視情境脈絡與需求加以轉化與實踐。

二、關注課程的連貫與統整，實施跨領域/科目之統整課程

　　十二年國教課綱將國小、國中及高級中等教育作整體與系統的考量，
強化各學習階段間的縱向連貫及領域／群科／學程／科目課程間的橫向統
整。因此，在教材教法實踐方面，務求縱向連貫要能以十二年連貫方式進
行教材發展與教法規劃實施。在橫向統整作法上，要掌握領域架構，因為
領域能夠提供學生寬廣、基礎且關聯的學習內涵，並讓學生能夠發展與應
用核心素養，以獲得較為統整的學習經驗。為因應知識發展在各教育階段
的差異性，在領域課程架構下，國中階段得依學校實際條件，彈性採取分
科或領域教學；高級中等教育階段則以分科教學為原則並透過適當的課程
設計與教學安排，例如：主題課程、專題課程、實作課程、自主學習等，
強化跨科或跨領域的課程統整與應用。

三、多元適性及落實學校本位課程發展

　　課程綱要必須具備調整改變的彈性，鼓勵學校結合願景發展辦學特
色，在彈性學習課程及校訂必選修課程的規劃與設定上，給予各級學校更
多的空間，並讓學生獲得自我實現的學習機會。部定課程之實施也要能夠
從學校本位課程發展觀點加以轉化與落實。十二年國教課綱強調學校本位

課程發展，除部定課程，在國中小、高中校訂課程均規劃彈性學習課程與時間，說明如下：

㈠ 國民小學及國民中學「彈性學習課程」規劃

彈性學習課程由學校自行規劃辦理全校性、全年級或班群學習活動，提升學生學習興趣並鼓勵適性發展，落實學校本位及特色課程。依照學校及各學習階段的學生特性，可選擇統整性主題／專題／議題探究、社團活動與技藝課程、特殊需求領域課程或是其他類課程進行規劃，經學校課程發展委員會通過後實施。國民中小學「彈性學習課程」共劃分成上述四項類別，由學校課程發展委員會討論，評估學校資源、師資與學生需求等，校本自主規劃實施項目。

表2　國民小學及國民中學「彈性學習課程」規劃

類型	建議實施方式	備註
統整性主題／專題／議題探究課程	為強化生活知能與生活運用能力，學校可因應學校環境、師資專長、社區資源、新興教育議題等，發展出跨領域的統整性主題／專題／議題探究等學習活動，以促進課程活化。	全校、全年級或班群活動。
社團活動與技藝課程	為鼓勵學生適性發展，學校可參照師資專長與相關資源，開設跨領域／科目相關的各類社團活動與技藝課程，由學生依興趣及性向自由選修。	採班群、年段或混齡分組
特殊需求課程	依照特殊類型學生之個別需要（含資源班、特教班、資優班、體育班、藝才班等），提供創造力、領導才能、情意、學習策略、生活管理、社會技巧、職業教育、溝通訓練、點字、定向行動、動作機能訓練、輔助科技應用、獨立研究、專長領域等特殊需求課程。	依不同類型學生的特殊需求開班
其他類課程	包括本土語文／新住民語文、服務學習、戶外教育、班際或校際交流、自治活動、班級輔導、學生自主學習等各式課程，以及領域補救教學課程。 國民中學得視校內外資源，於彈性學習課程開設本土語文／新住民語文，或英語文以外之第二外國語文課程，供學生選修。	

⑵ 普通型高級中等學校「選修課程」與各類型高中「彈性學習時間」規劃

　　十二年國教課綱減少高級中等教育必修學分，增加選修學分，以達成「適性揚才」的目標。普通型高級中等學校課程要能實現校本精神，進行「校訂必修」、「多元選修」等課程發展，以及「彈性學習時間」整體規劃。

　　此外，強調適性發展，提供更具個別化與差異化之課程，滿足學生個別需要。部定課程得採適性設計以因應學生學習之差異，另由各校依照學生興趣、性向、能力與需求，自行視特色課程需要及條件並配合大學學群進路開設選修課程，以供學生自主選修。各選修類別如表3。

表3　普通型高級中等學校校訂選修項目及實施說明

項目	實施說明
加深加廣選修	提供學生加深加廣學習課程，以滿足銜接不同進路大學院校教育之需要。本類選修之課程名稱、學分數與課程綱要由教育部研訂，請參各領域課程綱要。
補強性選修	因應學生學習差異與特殊需要（如轉銜），補強學生在部定必修課程學習之不足，確保學生的基本學力。
多元選修	由各校依照學生興趣、性向、能力與需求開設，各校至少提供6學分課程供學生選修。本類課程可包括本土語文、第二外國語文（含新住民語文）、全民國防教育、通識性課程、跨領域／科目專題、實作（實驗）及探索體驗、大學預修課程或職涯試探等各類課程。

　　此外，高級中等教育新增「彈性學習時間」規劃，學校依學生需求與學校條件，整體規劃安排學生自主學習、選手培訓、充實（增廣）／補強性教學或學校特色活動等，滿足學生不同需求並且保障自主學習精神。

肆、總綱實施要點中教材教法實踐相關說明

　　總綱實施要點包含課程發展、教學實施、學習評量與應用、教學資源、教師專業發展、行政支持、家長與民間參與等層面，對於教材教法之

實踐相關說明整理如表4。

表4　總綱實施要點與教材教法實踐相關重點說明

	自發、互動、共好	培育學生核心素養 （成為終身學習者）	彈性多元 （適性揚才）
課程發展	1. 學校教育願景與總綱願景理念等呼應與結合。 2. 學校本位課程設計與發展與必選修規劃實施應呼應「自發、互動、共好」。 (1) 自發：學校自發建立校本與特色課程，創新課程與教學並規劃必選修。 (2) 互動：透過親師生、校外內之協作互動持續改善課程。 (3) 共好：透過課程發表與課程評鑑歷程，促進深度對話與相互學習。 3. 各校課程計畫運用書面或網站等多元管道公告說明。	1. 校本與特色課程規劃與實施能落實十二年國教核心素養之培育。 2. 部定與校訂課程發展要適切納入十九項議題。 3. 在領域課程實施中，強調跨領域課程協作與實施。 4. 引導學生透過自主學習、實作體驗與專題探究等，以激發學習動機與熱情。	1. 學校可發展校本課程，建立學校特色。 2. 在校訂課程中，進行彈性學習與選修的規劃，落實適性揚才。 3. 為因應特殊類型學生之個別需要，應提供支持性輔助、特殊需求課程及實施課程調整。 4. 落實以「學生主體」的學習，進行適性課程之規劃，並提供學生適性學習與轉銜的彈性選修機制。
教學實施	1. 透過動機策略促進學生學習。 2. 教導領域學習與後設認知策略，養成自主學習能力。 3. 規劃多元適性之教學活動提供學生學習、觀察、探索、提問、反思、討論、創作與問題解決的機會，以增強學習的理解、連貫和運用。	1. 學習目標為培育學生核心素養。 2. 透過多元教學策略培養學生學習的能力。 3. 教學實施應以學生學習為考量，而非完全受限於統一的教學進度。 4. 教學實施、學習評量與支持應以整體規劃與實施。	1. 教師依據學生多方面的差異，包括年齡、性別、學習程度、學習興趣、多元智能、身心特質、族群文化與社經背景等，規劃適性分組、採用多元教學模式及提供符合不同需求的學習材料與評量方式。 2. 提供多元教學模式、教學策略與方法、靈活運用教學技術等，鼓勵協同教學與課堂教學研究精進教學。

	自發、互動、共好	培育學生核心素養 （成為終身學習者）	彈性多元 （適性揚才）
學習評量與應用	1. 協助不同學習需求學生有效學習與適性發展。 2. 透過多元評量活動以提升學習動機，促進自主學習。	1. 評估學生自主學習與後設認知的學習能力，以實踐終身學習。 2. 透過多元評量工具，反映學生核心素養的達成情形。	1. 教師應依據學習評量需求自行設計學習評量工具。 2. 評量的內容應考量學生身心發展、個別差異、文化差異及核心素養內涵，並兼顧認知、技能、情意等不同層面的學習表現。 3. 依學生學習優勢與弱點提供適性的學習教材與學習輔導。
教學資源	1. 以廣義定位教材，不侷限於教科書。 2. 開發數位學習教材，協助學生適性與自主學習。	教學資源選用以及教材編輯要能達成學生之核心素養學習。	1. 學校依學生需求與學校發展特色自選與自編教材。 2. 各級各類學校相關課程及教材，應採多元文化觀點，並納入性別平等與各族群歷史文化及價值觀，以增進族群間之了解與尊重。 3. 引進校外資源，提升學生學習成效，建立校本與特色課程。
教師專業發展	1. 參與教師專業學習社群，相互支持與學習。 2. 秉持教師專業發展、關注學生學習與同儕共學之精神，校長及教師每學年在學校整體規劃下，至少公開授課一次，並進行專業回饋，以不斷提升教學品質與學生學習成效。	1. 教師專業發展重視核心素養的課程與教學實踐，以支持每一位學生（包含特殊需求學生）的學習為專業責任。 2. 教師也是終身學習者。	1. 多元的教師專業發展方式與內涵。 2. 普通教育教師應充實多元文化與特殊教育之基本知能，提升對不同文化背景與特殊類型學生之教學與輔導知能。

　　此外，有關各領域／科目部定課程與校訂課程發展應能適切融入總綱所列相關議題，教材教法設計與實施者，請參閱各領域／科目課程綱要附錄二「議題適切融入領域課程綱要」與「議題融入說明手冊」之內涵與示例。

國家教育研究院研發課綱實施支持資源，包含各領域／科目素養導向教材教學模組、課程手冊、學校轉化實踐案例專書等資源，歡迎至國家教育研究院「【協力同行】認識新課綱」網頁項下之「課綱實施支持資源」下載參閱，網址為https://www.naer.edu.tw/files/11-1000-1621.php。

伍、結語

　　總綱乃整體十二年國民基本教育課程與教學規劃與實施的藍圖，並且引導各領域／科目課綱發展。十二年國教課綱以成就每一個孩子——適性揚才，終身學習為願景，以核心素養為課程連貫與統整發展的主軸，透過素養導向課程與教學的實踐，藉由活力彈性的學校本位課程發展，規劃多元適性的學習，期待透過師資培育教材教法研發與實踐，結合各系統環節的協力合作，以共學共創共享精神，展開素養轉化與實踐，以能激發學生生命的喜悅與生活的自信，提升學生學習的渴望與創新的勇氣，培養具有自主行動、溝通互動與社會參與的核心素養，成為具備終身學習力、社會關懷心及國際視野的現代優質國民。

參考文獻

洪詠善（2018年2月）。素養導向教學的界定、轉化與實踐。課程協作與實踐第二輯（ISBN：978-986-05-5329-1）（59-74）。臺北市：教育部中小學師資課程教學與評量協作中心。

洪詠善、范信賢（2015）。同行～走進十二年國民基本教育課程綱要總綱。新北市：國家教育研究院。

教育部（2014）。十二年國民基本教育課程綱要總綱。臺北市：教育部。

國家教育研究院（2014a）。十二年國民基本教育課程體系發展指引。2018年7月28日，取自https://www.naer.edu.tw/ezfiles/0/1000/attach/93/

pta_2558_5536793_14183.pdf

國家教育研究院（2014b）。十二年國民基本教育課程發展建議書。新北
　　市：國家教育研究院。

第六章

普通型高級中等學校推動新課綱課程示例

王垠

宜蘭高中校長

壹、前言

　　教育部為精進高中教師教學品質，落實推動普通高級中學課程綱要，自94年起，陸續成立各學科中心，作為學科教師專業社群的溝通平台，蒐集課程綱要實施意見，並研發彙整各學科教學資源，規劃辦理教師專業成長研習。另考量課程推動除了教學層面的變革外，學校行政運作層面落實執行亦是重要關鍵，故成立「普通高級中學課程課務發展工作圈」，發揮課務行政運作與學科專業之橫向整合功能，統籌學科中心運作機制，建立全國高中課程綱要推動之縱向輔導支援網絡系統，提升高中新課程推動成效。

　　學科中心第1期（94-95年）及第2期（95-96年）計畫由國立臺灣師範大學規劃辦理，自97年起，依教育部行政指示委託國立宜蘭高中擔任總召學校，統籌協調工作圈及學科中心年度工作計畫業務。配合行政院組織改造，自102年起，由教育部國民及學前教育署接續工作圈及學科中心計畫行政督導。因應十二年國民基本教育實施，自105年起，更名「普通型高級中等學校課程推動工作圈及學科中心」。

　　為推動十二年國教新課綱，工作圈及學科中心在「多元選修」、「素養導向」、「跨科／領域」及「議題融入」等四方面，已有初步具體成果，分述如下：

貳、多元選修

　　工作圈在101年辦理「學校多元選修課程示例」徵選，並自102年起辦理全國教師「學校本位特色選修課程教學計畫」徵選。入選作品必須符合跨學科合作，強調以學生學習為中心、注重師生互動討論及實作，並能展現協同教學及課程創新之精神。之後由工作圈彙編成冊發送至全國各校，並辦理北中南三區分享會以強化學校課程發展功能與落實選修機制，鼓勵教師分享優良教學設計範例，促進各校經驗交流與觀摩，以協助推展十二年國民基本教育。

以104年「海洋與我」作品
為例，研發「海洋文化」、「海
洋社會」、「海洋科學」、「海
洋資源」、「海洋休閒」五個領
域，如右圖所示。以跑班選修的
方式，提供學生跨領域的海洋教
育課程，進而成為學校的特色選
修課程。

該課程以「親海、愛海、知
海」為主軸，設定以下五項教學
目標，以達成海洋教育議題融入各科教學的理想：

㈠ 提升海洋意識，建立多元的海洋經驗。

㈡ 融合海洋教育之社會文化、科學資源及休閒各面向，培養「親
海、愛海、知海」的海洋公民。

㈢ 以學生為學習主體，強調在做中學，課程採用活動、實習、小組
討論，並設立學期任務，讓學生經由團隊合作來表達經驗、思想、價值與
情意。

㈣ 培養學生的閱讀力、探索力，在宣達海洋意識的同時並增強自我
認同。

㈤ 涵養以生命為本的價值觀、以臺灣為本的國際觀及以海洋為本的
地球觀。

茲將101至105年多元選修入選之作品,附上QR Code,以利查閱。

101年度（課程示例學校）
http://goo.gl/KPlcY8

102年度
http://goo.gl/qkvy9n

103年度
http://goo.gl/P9El8c

104年度
https://goo.gl/6NVisH

105年度
https://goo.gl/ZS7F2a

參、素養導向

素養是未來公民在實際生活情境中參與和解決社會議題所需具備的核心概念與探究能力。有關素養導向教學,可參考106年11月20日由工作圈辦理的「素養導向課程培力工作坊」,所整理的高中八大領域素養導向教學示例。106學年度的第二學期,筆者在宜蘭高中開設一門選修課,課程名稱是「探究與實作:東南亞議題」,並以素養導向為設計主軸,其內容如下:

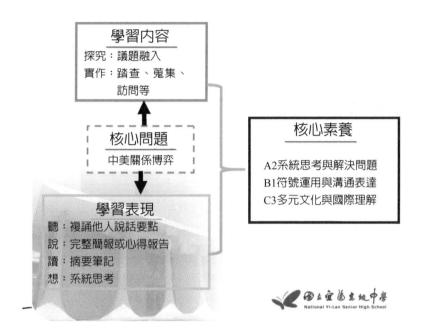

一、前言

　　東南亞分為「大陸東南亞」與「島嶼（海洋）東南亞」兩塊區域。大陸東南亞包括緬甸、柬埔寨、寮國、泰國與越南；島嶼東南亞則包括汶萊、馬來西亞、新加坡、印尼與菲律賓。其中除了泰國沒有經歷過外來勢力的殖民外，其餘各國都經歷過長短不一的殖民經驗，並在第二次世界大戰後相繼獨立建國。由於地理環境、天然資源、歷史文化、族群語言以及投入現代化時間的差異，各國有著不一樣的歷史命運與發展狀況，而該地區多元且複雜的族群與文化差異，使得東南亞地區始終充滿魅力。

二、目的

　　為培養同學「多元理解與國際視野」的核心素養，以及地緣政治的考量，本課程聚焦於東南亞議題。課程設計以「聽、說、讀、想」為主軸。「聽」要能複誦同學說話的要點，「說」要能做完整的簡報或讀書心得報告，「讀」要會做摘要筆記，「想」除了系統性的思考外，還要能後設性

思考。也就是靜下心去思考那些被我們視為理所當然的事，這些理所當然也往往充滿了條件性的偶然。不僅反思各種可能性，還要在可能性中尋找可行性。

三、探究與實作

㈠探究

以議題導向為基礎，其設計的目的有三：

1. 透過議題的探究，引導學生學習社會科學的推論與思考方法。

2. 經由對議題的資訊蒐集、問題界定與分析詮釋，培養學生思辨不同觀點、立場或價值的能力。

3. 以公民素養為指引，從探究東南亞以及全球關聯的公民議題，進而發展學生溝通表達以及參與社會改良的公民行動能力。

㈡實作

以多元文化觀點，檢視人權、性別、移工、離散等議題，探討東南亞的多元與發展。例如：

1. 踏查學校或住家社區附近的傳統市場、小吃、雜貨、餐廳、服飾店等，具有哪些東南亞的族群文化特色？

2. 蒐集有關東南亞人權、性別、移工、離散等議題的影片或專題報導，並探討其主要訴求為何？例如：觀賞12/16 19：30宜蘭演藝廳《微塵‧望鄉》。

3. 訪問在臺工作或就學的東南亞人士，探討其跨境流動的生命經驗，文化特色，以及彼此的文化適應。

㈢學習評量

1. 口頭報告　　　30分

2. 專注度　　　　20分

3. 提問　　　　　20分

4. 實作大綱　　　30分

㈣**課程設計**

　　總共設計18次的專題，其中泰國專題與菲律賓專題，分別邀請蔡舒珊老師與賴志遠老師主講，大馬華人與族群政治，則邀請周思佳小姐與談，好讓同學在不同的對話中，能更深入理解東南亞的多元與發展。以第一次課程為例，單元名稱是「東南亞導論：中美關係博弈、後殖民發展」，提供兩本參考書籍（馬凱碩、孫合記，《解讀東協》，遠流，2017；李美賢、楊昊譯，《東南亞—多元與發展》，賽尚圖文，2009），並討論以下兩個議題：

　　1. 東南亞國協是個「想像共同體」嗎？它形成的關鍵因素是什麼？

　　2. 殖民主義統治對東南亞產生何種影響？

肆、跨科／領域

　　依據總綱規定：高級中等學校教育階段，在領域課程架構下，以分科教學為原則，並透過跨領域／科目專題、實作／實驗課程或探索體驗等課程，強化跨領域或跨科的課程統整與應用。以105年度全國高級中等學校「學校本位特色選修課程教學計畫及實施」徵選入選課程作品，：「暢遊世界—參加模擬聯合國」為例，結合語文領域和社會領域，每堂課都由英文老師與公民老師共同搭配進行，透過中英文並行的課程漸進方式，培養學生參加模擬聯合國的各項能力。其設計架構如下：

暢遊世界—參加模擬聯合國			
作者（科別）任教學校	蔡愉玲（公民與社會科）、葉中如（英文）、梁少鳳（公民與社會科）、朱淑卿（公民與社會科）、林珮萍（英文）臺北市立第一女子高級中學	課程類別	語文類社會學科類
編班方式	■跑班選修	開課年級	高一
開課時段	週一3、4節	班級人數	30人
課程目標	本課程以專案式學習（PBL, Project-Based Learning）為主題之探索實作課程，並由英文科與公民與社會科教師跨領域協同教學茲列分項課程目標如下：		

	1.發展學生自主學習能力		2.啟發學生問題解決能力	
	3.培養學生外國語言能力		4.鼓勵學生參與文化交流	
	5.引導學生關心全球議題			
主要核心能力	1.能自行規劃學習目標與計畫		2.能分析問題並設計解決方案	
	3.能對外國語文感到興趣		4.具備外語應用的能力	
	5.能尊重或欣賞異國文化			
次要核心能力	1.能反思學習歷程及時回饋修正　　2.能認識全球化與在地化議題			
時間學分分配	學期2小時／週，2學分（上、下學期各16週）			

第一學期／課程週次／內容			教學行為	
週次	主題單元	時數	教學設計	評量內涵
第一週 第二週 第三週	認識聯合國與其組織模擬聯合國	4	以講述法介紹聯合國及附屬組織、功能與國際關注的重大議題。介紹聯合國通過的重大決議文與「模擬聯合國」	教師提問以檢視學生理解透過影片觀賞，教師設計學習單，進行互動討論
第四週 第五週	英語口語訓練	4	英文語調I：斷句的重要性（分組練習英） 英文語調II：語速音量、聲調	教師觀察學生的團隊合作情況與上臺表現
第六週 第七週 第八週	國際議題入門 How To Research on a Country－Basic Information What Are the Important Global Issues in the 21st Century?	6	講授、問答、資料搜尋、分組討論及報告	口頭報告 書面呈現 教師觀察學生創意展現以及英文表達能力

伍、議題融入

依據普通高級中學課程綱要實施通則，各校應將議題融入相關課程中，以期讓學生在不同的科目脈絡中思考這些議題，以收相互啟發整合之效。透過學科中心教案研發工作，蒐集議題融入各科教案，進而推廣議題融入課程與教學實施經驗分享，鼓勵教師發展各項議題融入教學設計。以下介紹公民與社會學科中心針對「人權教育」所研發的議題融入教案，以供參考。

教育部高級中等學校公民與社會學科中心
105年度重大議題融入課程教案競賽

領域	高中公民與社會科	教案設計者	黃益中、許珍慈
教學 主題	人與人權	教案名稱	中學生居住人權保衛戰

教學 理念	此教案主要核心為「居住人權」，配合【第一冊單元三人與人權】中關於第二代人權的積極受益權，強調國家應積極保障人民的基本生活，應包含安穩居住的權利。配合【第一冊單元四公共利益】中關於公共住宅的正效益大於負效益，但增進公共利益可能會碰到許多難題，如政治人物、建商團體，居民產生的鄰避效應等等。配合【第一冊單元七文化位階】中，社會大眾可能將不同文化的人進行排序或標籤化，透過言語行動表示貶抑、拒斥的態度。配合【第一冊單元五社會運動】中，人民基於對社會現有貧富差距與買房困境的不滿，由下而上，有計畫地推動居住權保障，要求政府正視。配合【第五冊單元五社會安全制度】中，社會住宅／公共住宅是政府實現社會福利的一種方式，經由資源再分配縮短貧富差距，提供人民基本居住生活的保障，對廣大年輕與弱勢弱勢族群而言，公共住宅是居住權的一大機會。

教學 目標	單元目標 一、認知目標 能知道居住人權的基本定義 能認識重視居住權的民間組織 能明白我國不同住宅的現況與問題 能理解他國公共住宅的經驗 二、技能目標 能辨別房價所得比 能解釋貧富差距的背後原因 能分析不同住宅的特色 三、情意目標 能重視集體的社會居住人權 能感受目前上班族的買房困境 能發現社會住宅對社會的重要性 能包容不同角度的想法

教學 資源	一、搭配閱讀 1.《公平經濟新藍圖：2016勞動政策白皮書》 　作者：張烽益，孫友聯，洪敬舒，黃怡翎，李健鴻，王兆慶，楊書瑋等，臺灣勞工陣線，2016年2月5日。 2.《巴黎不出售：人人有房住、生活低負擔的法國好宅新思維》 　作者：羅惠珍，尖端出版社，2015年11月3日。

教學 資源	3.《二十一世紀資本論》 　托瑪‧皮凱提（Thomas Piketty）著，詹文碩、陳以禮譯，衛城。2014年11月14日。 4.《不公平的代價：破解階級對立的金權結構》 　史迪格里茲，天下雜誌出版社。 　2013年01月04日 二、影片連結 《中天調查報告／維也納社會宅，比豪宅更豪宅》 https://www.youtube.com/watch?v=9GV61X9WHQI 2015年05月17日4分46秒 《巴黎社會宅革命！獨訪帥氣副市長｜三立新聞臺》 https://www.youtube.com/watch?v=mLtRruSzImo 2015年7月16日0：34-2：26 《教育、職業、所得遭貼標籤　專家：「階級歧視」》 https://www.youtube.com/watch?v=RbXvJqMaMxs 2015年3月13日3分37秒 《文茜的世界周報：新加坡人人有屋住，組屋品質媲美豪宅》 https://www.youtube.com/watch?v=q_-sBqHT3nY 2013年12月29日擷取（1：22~6：30） 《民視新聞，合宜住宅爆弊案　難擋炒房反成幫凶?》 https://www.youtube.com/watch?v=PW6z4Kt1VRY 2014年5月31日3分17秒 《文茜的世界財經周報／撼世鉅著貧富不均溯源　21世紀資本論》 https://www.youtube.com/watch?v=9Cp3n3MrsZw 2014年06月08日 《1%比99%的戰爭，臺灣貧富差距創新高》 https://www.youtube.com/watch?v=5tIud_nyG5M 2014年6月16日3分17秒 「巢運」主題曲MV―《明天會更好嗎》 https://www.youtube.com/watch?v=859s4v4NPKI 2014年9月3日3分15秒 《抗議房價居高不下　巢運夜宿帝寶前―民視新聞》 https://www.youtube.com/watch?v=FMlyLNFS57U 2014年10月4日2分29秒 《90秒聊臺灣：少女時代與房價》 https://www.youtube.com/watch?v=WF6Y_-qmqkE 2013年11月25日　2分13秒 《只想要有一個家：崩世代之青貧焦慮―居住不正義，再拚也難贏》 https://www.youtube.com/watch?v=ByS2i1O0BWw 2014年10月12日32：39-41：21

教學資源	三、參考資源 1. 內政部不動產資訊平台https://pip.moi.gov.tw/V2/Default.aspx 2.《許我一個未來》薛承泰，庶民三個議題請總統說清楚，T博客，TVBS 　　http://talk.tvbs.com.tw/blog/article/talk-002519/ 3.《德國：住宅不是商品，是人權》天下雜誌565期 　　http://www.cw.com.tw/article/article.action?id=5064007 4.《上班族窮忙　實質薪資續倒退15年》，自由時報， 　　2015-01-22。http://news.ltn.com.tw/news/business/breakingnews/1212257 5.《月薪七萬，至今只買得起自己的塔位》 　　http://news.ltn.com.tw/news/life/breakingnews/1723791

陸、結語

　　學科中心現階段的課程推動有賴種子老師熱情的投入，從106年起，每個學科中心得設置一名研究教師，至多十二名，以強化學科中心的研究功能，能在「多元選修」、「素養導向」、「跨科／領域」及「議題融入」等方面研發出質量兼具的優秀作品。

　　展望未來，就像哈金《祈禱》這首詩，讓我們深自期許：

願你擁有動物般的秉性

從不抱怨，從不喪氣

像鳥和魚那樣耐心地活著

把每一天都過成最好的日子

願你追索不老的智慧

熱愛真理勝過美麗

多麼飄蕩也不偏離航向

讓生命和工作合二為一

願你成為自己的里程碑

學科篇

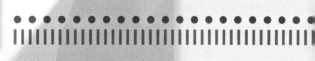

第七章

十二年國教素養導向之
國小國語文教材教法探究

孫劍秋
本文通訊作者、國立臺北教育大學語文與創作學系教授

吳惠花
本文第一作者、新北市淡水國民小學校長

林冬菊
本文第二作者、新北市頂溪國民小學教師

高麗敏
本文第三作者、臺北市文化國民小學教師

陳俐伶
本文第四作者、高雄市安招國民小學教師

蔡藍儐
本文第五作者、宜蘭縣公正國民小學教師

一、前言

自民國85年開放國小教科書審定本，國內教育進入一個新的境界，與此同時，教材教法的理論與實務也開始受到關注。教科用書的開放考驗著長久以來習慣統編本教師的教學觀與教材觀；另一方面也考驗著教育學者對教材的分析、教法的改變與教學資源的分配等相關問題的再釐清。

在九年一貫課綱中，系統化的架構起國小至國中的「基本能力」、「核心能力」與「學科知識」，提供教材的系統性和學習的知識內容，老師們得以掌握各階段學生的發展和特質，循序漸進，由淺入深地引導學生正確理解、靈活應用、發展自學、探索多元文化生活。而十二年國教則涵蓋更寬廣和豐富的教育內涵，彰顯學習者的主體性，掌握課改國際趨勢，以「自發、互動、共好」為理念，透過「核心素養」發展全人教育。重視讓孩子們享受學習的喜悅，建立自信；激發學習的渴望，主動學習，終身學習；培養解決問題的能力，勇於創造；營造人際間更多的交流互動，追求共學與共好。

因此，本文並非實證性的研究，而是論述性專文，嘗試從國小國語文領域教材教法的政策推動與實施，深究如何迎向新的（國小國語文）素養導向教學，並釐清國小國語文素養導向評量。

二、國語文領域教材教法的政策推動與實施

九年一貫課程追求「帶得走的能力」，而十二年國教則強調素養導向，在與素養的連結上，國小國語文領域既具有工具學科的功能，運用國語文中的聽說寫讀作等能力與人溝通、解決生活上所面臨的問題，並參與社會，追求共好；另一方面又將教導學生透過國語文的能力自我探索、拓展閱讀視野、欣賞文學作品、涵養文化內涵、增進公民意識，提升自我與他人的生活品質，培養終身學習的動力。

正因為國語文是學生學習其他領域的重要基礎，在國民小學與國民中學階段為必修課程，且在此二教育階段的上課時數，也由過去的範圍內由各校課程發展委員會依學校情況自訂，改為因學習階段而固定變化：第一

學習階段為每週六節課（九年一貫課程多為五節課），第二至第四學習階段則為每週五節課。

國語文領域的學習表現所臚列的是接近九年一貫課程綱要的部分，也就是透過教學能引導學生達到的指標，但也為因應時代性，分類與以往略有不同，依序分為聆聽、口語表達（九年一貫課程：說話）、標音符號與運用（九年一貫課程：注音符號）、識字與寫字、閱讀、寫作等六項。由此順序的改變可分析，十二年國教國語文領域將注音符號視為學習識字與寫字、閱讀與寫作的標音輔助工具。

在學習內容上，對應國語文領域課程綱要制定的基本理念的「語文能力」、「文學素養」與「文化教育」等三項，而有「文字篇章」、「文本表述」與「文化內涵」三個部分。

文字篇章包含「標音符號」、「字詞」、「句段」與「篇章」等四項，為學習本國語文能力的重要基礎。標音符號僅在第一學習階段與第二學習階段出現，且第二學習階段之「標注注音符號的各類文本」與第一階段相同，說明了國語文教材篇章的全文標音符號標示僅在國小階段的一至四年級，五年級以上只標注生難字詞。字詞部分除界定出國小需學習常用字形、字音和字義的範圍由第一學習階段的1,000個常用字到第三學習階段的2,700個外，同時訂出常用字的使用數量從700個到2,200個，將認讀與書寫的生字量分別標示，鼓勵學生透過大量閱讀達到識字、認念與知其義，奠定閱讀良好的基礎。此外，在國小階段也訂定學習字詞的方式，例如：常用字部首的表義（分類）功能、常用字部首及部件的表音及表義功能、詞類的分辨、量詞的運用、字辭典的運用與書法書寫、書法名家故事等。

另句段與篇章則透過閱讀的學習寫作，建立讀寫合一的教學與教材，例如：句段中的標點符號、基本句型、複句、文句的情感表達等；篇章則放入現場教師教學常用的自然段與意義段概念、文本結構概念，也分別在不同階段放入合於兒童閱讀心智發展的篇章屬性，例如：第一學習階段的故事、童詩，第二階段再加入現代散文，至第三階段則除了再添加少年小說與兒童劇之外，並增加古典詩文。

「文本表述」方面，依照體用分為記敘、抒情、說明、議論與應用等五種文本。記敘文本在國小階段，著重於順序與倒敘兩種結構；抒情文本則掌握自我與他人、社會與自然的情感表達，除了在第一、二階段的直接抒情外，在第二、三階段則引導學生借景或借物抒情。說明文本從第二階段開始，主要著重在具邏輯、客觀、理性的說明，也藉此提供跨領域閱讀文本，除此，並經由數據、圖表、圖片等非連續性文本提供結合生活常見的閱讀模式。而議論文本則不列入國小學習內容中。應用文本著眼於生活應用、人際溝通與學習應用等三個面向，在國小階段主要教導學生認識並運用日記、書信、卡片、便條、啟示、廣告、標語等極具日常生活性的內容，此外，從第二學習階段開始，在學習應用上則以表達報告為主，例如：心得報告寫作、簡報、演講稿等格式與寫作方法。

文化內涵共分為物質、社群與精神等三項，因國小階段的「文化內涵」學習內容融入文本教材中，因此，文化內涵的學習內容從第四階段開始臚列。

十二年國教國語文領域課程目標重在語文基本能力的奠基，以拓展至其他領域的運用，為終身學習注入能量，重視個人閱讀與和他人共同閱讀討論、分享的交流，透過閱讀修身養性、透過閱讀體認多元文化價值、開拓國際視野，也重視在閱讀中培養思辨能力，透過口語、寫作充分展現表達與溝通，更能運用國語文所學參與社會。

三、如何迎向新的（國小國語文）素養導向教學

在談何謂素養導向教學之前，我們必須先審視國語文學科的本質。語文是一種約定俗成的符號，在一個社會（社群）對這個符號代表的意義有共識下，運用共同承認的組合方式，用來表達個人或群體的意見、思想。所以表情達意是語文的特質，也是語文的功能。

故國語文教學的目的在於教導學生學習語文符號的辨識、書寫、組合方式，希望學生能藉此理解自己，運用於生活中，與人表情達意，並能「讀」懂他人、看見世界，接受挑戰。作為知識載體、溝通工具的語文是不可少的。所以，我們可以說，國語文素養導向教學，目的在於學習如何

利用語文為工具，來分析以語文為載體的文本訊息中，所要傳達的訊息，經由分析、討論、歸納的方式，了解到其中蘊含的道理，並在生活中實踐運用。

　　至於「素養」，我們從課程綱要中，可見其相關的說明：「核心素養」是指一個人為適應現在生活及面對未來挑戰，所應具備的知識、能力與態度。「核心素養」強調學習不宜以學科知識及技能為限，而應關注學習與生活的結合，透過實踐力行而彰顯學習者的全人發展。核心素養具體內涵中明示：

　　國-E-A1　認識國語文的重要性，培養國語文的興趣，能運用國語文認識自我、表現自我，奠定終身學習的基礎。

　　國-E-A2　透過國語文學習，掌握文本要旨、發展學習及解決問題策略、初探邏輯思維，並透過體驗與實踐，處理日常生活問題。

　　國語文課綱綱要課程手冊也在研修的特色中表示：對教材除規劃三大學習內容、規劃跨領域課程、結合本土素材外，也要求培養自學能力，強化策略教學，要規劃自學篇章，並落實適性教育。所以迎向新的（國小國語文）素養導向教學，需要：

　　㈠ 在課程規劃上，以語文為工具，將學習運用於生活中，及遷移至其他領域的學習。要強調個人在學習後，能發揮潛能，思考創新並參與社群活動，貢獻所長的學科知識與學習態度。

　　㈡ 在課程實施上，帶領學生親近文本，喚起背景、經驗，透過圖、文連結，聆聽文本內容，使其往後碰到文字多的文本不害怕，進而學會拿到一篇新文本時，如何逐步閱讀。提供學習工具單，與同學合作，培養學習解決問題的能力，以達自我學習。

　　㈢ 在教學方式上，從傳授知識轉為引領學習方法為主。過程中，為學生的學習搭設鷹架，明示方法，使學生的學習有所依循、能模仿、複製，再經由多次的練習，而逐漸穩定能力。所以教師要逐漸釋放學生學習的責任，適時放手讓學生自己試試看。這樣才能從向大人學習，轉向與同儕共學，進而獨力自學。

　　㈣ 在教學活動進行中，教師利用提問、學習單，採師生問答或小組

討論等方式，帶領學生從文字中尋找線索，做出合理的推論；提出好問題引導思考、討論文本重點，讓學生練習邏輯分析與表達的技巧；了解文本旨趣後，更進一步探討作者的結構布局、寫作特色，令個人閱讀時，能欣賞文本的文學藝術表現。接著以學到的策略、方法，與現實生活（含學習）產生連結，並試著創作。

　　㈤ 在評量方面，從重視「結果」轉為「歷程與成果」並重。要讓孩子覺察自己的成長，學會自我監控，自評自己的學習，覺察、選擇解決問題的方法，也讓教師了解如何進一步協助學習，進而調整下一階段的教學。

　　總之，國語文素養導向教學不僅要學習內容知識，更要學方法策略；不但要落實學校所學，更要應用於日常生活。教學中要整合知識、技能與態度，讓學生在情境、脈絡的學習環境中，覺察學習需求，主動搜尋訊息；運用語文邏輯詮釋、分析，評估訊息的真偽，比對所知；以口語和文字，表達自己所得和想法。教師要注重學習歷程與策略，強調實踐力行的表現。

四、國小國語文素養導向評量

　　2014年臺灣公布《十二年國民基本教育課程綱要總綱》，新課綱強調「核心素養」的涵養，從：「自主行動」、「溝通互動」、「社會參與」三理念面向，培養「終身學習者」讓孩子成為更好的自己。國語文承續總綱理念與目標研議課程綱要，並於2016年公布《語文領域——國語文課程綱要草案》。

　　在素養導向教學中，師生有了「不一樣」的互動關係。身為學習主體的學生，被期待成為自主的學習者。而教師則身兼結合生活與學習的脈絡化情境，賦予學生「學習任務的課程設計者」，與在學生整合運用知識技能與情意主動投入思考、並與學習夥伴進行討論對話，並在多元可能性下決定行動方案的過程中，扮演著引導者與「資源與支援提供的協助者」（吳璧純，2017；林永豐，2014；潘慧玲，2016）。

㈠ 呼應國語文素養導向的評量

　　吳璧純（2017）引用國外教育學者學習評量用語：「促進學習的評量」（assessment for learning）、「評量即學習」（assessment as learning），以及「學習結果的評量」（assessment of learning）。其中提到「促進學習的評量」就是評量活動促進學生的學習，其主要目的在於幫助教師獲得教學的回饋，以進一步調整教學，幫助學生學習。因此素養評量應該包含「學習結果的評量」、「促進學習的評量」與「評量即學習」三類型，並且以後兩者為重。

　　相較於之前課程標準與綱要，素養評量更強調下列幾點要素：評量任務的情境脈絡化（如：以課內寫景課文的敘述架構、內容與策略的學習，配搭校外教學景點觀察的口說與寫作能力的遷移表達練習）；重視高層次的認知評量：不以記憶為主要的認知評量，而更重視理解、應用、分析、創造與評鑑的高層次認知；在評量方式的多元性的實作評量，（如：依國語文學習中內容及表現性質，採取相應的筆試、口試、表演、實作、作業、報告、資料蒐集整理、鑑賞、晤談、實踐等），以口語表達評量口語表達，以聆聽評量、聆聽表現，落實學與用同軌。

　　若以評量實施的時機來說：評量在教學過程中相應而生，當教師或是學生本身試圖尋求、詮釋某些資料或獲得證據，以知道學生當下的學習狀況、離學習目標有多遠，以及有何最好的方法可以邁向學習目標，那麼這樣的評量就是「促進學習的評量」評量結果的即時回饋與詮釋的專業性積極發揮評量促進學習的功能，所以素養評量經常是伴隨著課堂教學歷程中發生形成。

　　另以評量參與人員看來，促進學生學習的相關回饋資訊，不僅來自老師，也來自同儕以及學生自身。評量參與人員的多元性（師生、生生互評、自評）發揮學習主體的對表現的認知與後設認知。強調學生彼此與自身透過對學習表現基準和規準（Rubrics）的理解，進一步監控學習狀況與品質，那終身自學的引擎才得以引燃，所以素養評量需要培養學生具備對學習狀況後設認知的能力。

　　這些理念並不完全是新的，歷來課程標準／綱要對評量就對評量進行

的「時機、形式、內容向度、參與人員等」有相關的述說明與規範：

　　1993年頒布的〈國民小學國語課程標準〉在教學評量部分提到「注音符號在學習期間每週至少考查一次，並注意平時測驗」、「說話於平時練習說話時相機考查，並將考查成績列入紀錄」、「讀書有單元測驗、學月測驗與學期測驗且性質包含診斷與練習測驗」、「作文要予個別訂正……」、「寫字要注重平時考查，評定成績，並得將平時成績會呈進步曲線」就提到形成性與總結性評量。再者聽說讀寫各分項能力的評量上也提到對知識、技能與態度的關注，如：「說話的內容條理方面——內容豐富，條理井然。」、「說話的態度方面——措詞得當，自然大方。」（教育部，1993）。

　　2001年公布的國語文九貫課綱在學習評量部分的整體規範如下：(1)學習評量範圍應包括：注音符號運用、聆聽、說話、識字與寫字、閱讀、寫作等六大項目，並參照各階段基本能力指標，依不同階段及學年，評量其基本學力。(2)學習評量目的在提升學生學習效能，宜包含形成性及總結性評量二部分，前者用於平常教學活動中隨機檢覈，以發現和診斷問題；後者採定期實施，旨在評定學習成效。評量時間及次數由學校自行訂定。(3)評量方式的選擇應兼顧公平、適切和經濟等層面，除紙筆測驗外，可由教師配合教學，採多元評量方式，兼顧認知、情意與技能等面向，自行設計。亦可採檔案評量，將學生之學習態度、學習活動、指定作業及相關作品加以記錄，整理為個人檔案，作為評量參考，列入評量標準（教育部，2011）。

　　國教院（2016）十二年國語文課綱草案學習評量的要點中提到：學習評量應與教學緊密結合，由教學目標決定評量內容，並由評量結果導引教學。評量的目的在提供教師有效資訊，藉以調整課程設計與教學策略，以提升學生學習效能，增強學習動機。教學前應了解學生的先備知識，以利教學準備。教學時應採取多元評量方式，以了解學生的學習進展。教學後解讀學習結果的樣貌，運用評量結果調整下一步的教學。評量原則如下：

　　1. 整體性：除重視注音符號運用、聆聽、說話、識字與寫字、閱讀、寫作等面向的表現外，並應強調學生國語文知識、技能與態度在實際生活

中應用之檢覈。

2. 多元性：除紙筆測驗外，教師可彈性運用觀察、問答及面談、指定作業、專題研究、個人檔案等方式，多方了解學生的能力、學習進展和成效。

3. 歷程性：評量應協助學生發現並診斷其學習上的瓶頸，以促進學生持續成長，不只重視學生的學習成果，更重視學習歷程。

4. 差異性：學校可以根據學生能力，設定不同的評量方式以及標準，以增強學生的學習動機。

因此，新課綱延續之前對於歷程與多元性的重視外，素養導向的評量更加強調了以學生為主體的情境脈絡與個別差異性。如范信賢（2016）核心素養在彰顯學習者的主體性，評量須關照知識、技能與態度的整全學習及全人發展。素養評量應引導學生能對周遭環境保持好奇心，並能進行主動地探索、體驗、試驗、尋求答案與合作學習；積極正向的參與家庭、學校、社會生活，並能主動地與周遭人、事、物及環境的互動中觀察現象，尋求關係，解決問題，並關注在如何將所學內容轉化為實踐性的知識，並落實於生活中，以開放的心胸來適應及參與社會生活。

㈡ 邁向養導向評量下一哩路

教育的變革不易，國際的發展趨勢、社會的整體氛圍、行政單位的決策、親師生的共識與因應等要素相互配合方能水到渠成，但當下目前，身為一線教師，我們仍責無旁貸的可以積極的先做下列事項：

1. 健全評量回饋教學的機制

教學和評量既為素養課程規劃與實踐的一體兩面，因此評量應與課程教學同步發展，而不僅是對於學習結果的進行總結式的紙筆評量。而理解與掌握國語文領綱「核心素養」、「學習重點」、「實施要點」等，並選用能夠連結學生生活與學習的素材，整體系統性的思考規劃教學與評量的活動，必然是第一線教師的基本功。

2. 評量素養的專業增能

素養評量重視學習者在脈絡情境下整合知識、技能與情意的活用實

踐，所以國語文老師勢必在習以為常的「讀寫紙筆評量」之外，應整體關照口語理解（聆聽）和表達等長期被忽略的面向，因此對於學生聽說讀寫等學習表現的多元實作評量工具研發刻不容緩。

影響多元實作的因素眾多，因此讓評量的任務設計和執行顯得相當複雜，回饋也顯得相對主觀。然而建立在有效性、公平性、可靠性與可行性基礎上的評量工具才具備發揮效能的潛能。而多元實作能力內容的基準和規準（Rubrics）建立，可以作為對於學習表現應然與實然的對話澄清，也讓評量的實施與詮釋回饋，凝聚評量共同參與者（包含：行政人員與教師、教師與教師同儕、教師與學生、教師與家長等）之間的共識，發揮促進教學的效能（陳琦媛，2017）。

五、結語

綜上所述，語文教育的領域是寬廣的；語文教育的內容是豐富的；語文教育的教學是多元的；語文教育的過程是發展的，這一切對語文教育理念的實踐幾乎全落在教材教法上。雖說教材是死的，但教師是活的，教學的成功與否，端看教師能否把握教材教法的要領，但是畢竟人的因素變異性太大，如果能在教材教法上，編製出一套優良的參酌模式，中等之資的教師也能成為一位稱職的語教老師。

十二年國民基本教育，學校教師更需承擔起對教材教法進行教學上的研究，也應對教材教法的理論與實務有所了解。本文是十二年國教素養導向之國小國語文教材教法初探的呈現，在整個編寫的過程中，對國語文教材教法還有很多的盲點需要突破，希望經由本文的公開能引起學界對教材教法研究的的重視，使未來國小國語文教材教法更臻完善。亦期待本文能為即將實施的十二年國教之國語文學習，提供一些實務上可參考的建議。

參考文獻

吳璧純（2017）。素養導向教學之學習評量。**臺灣教育評論月刊，6(3)**，30-
34。

林永豐（2014）。素養的概念及其評量。**教育人力與專業發展，31**(6)，35-47。

范信賢（2016）。核心素養與十二年國民基本教育課程綱要：導讀《國民核心素養：十二年國教課程改革的DNA》。**教育脈動，5**，1-6。

潘慧玲（2016）。課程理念篇。**十二年國民基本教育普通高中課程規劃及行政準備手冊**，3-31。

國教院（2016）。**語文領域—國語文課程綱要草案**。取自http://www.naer.edu.tw/files/15-1000-10609,c639-1.php?Lang=zh-tw

教育部（1993）。**國民小學國語課程標準**。臺北：教育部。

教育部（2011）。**國民中小學九年一貫課程綱要_國語文**。臺北：教育部。

教育部（2014）。**十二年國民基本教育課程綱要總綱**。臺北：教育部。

陳琦媛（2017）。運用Rubrics評量核心素養。**臺灣教育評論月刊，6**(3)，87-90。

第八章

中等學校德語文教育理論與實務

鄭欣怡
東吳大學德國文化學系助理教授

陳姿君
東吳大學德國文化學系助理教授

黃靖時
東吳大學德國文化學系副教授

一、中等學校第二外語教育發展歷程

在全球化的發展下，教育部除了致力提升國人英語文能力之餘，也積極投入推動第二外國語文的學習政策，目的在拓展國人的國際視野，讓年輕學子成為國際社會中具有適應力和競爭力的世界公民。72學年度起，第二外國語言教學正式納入高級中學課程標準，成為選修學科之一。83學年度時，已有少數高中以實驗性質開設第二外語課程，成為先鋒。自85學年度，教育部進一步辦理「推動高級中學選修第二外語課程實驗計畫」，並分別於中華民國88年和93年先後頒布「推動高級中學第二外語教育五年計畫」和「推動高級中學第二外語教育第二期五年計畫」，鼓勵高級中學開設第二外語課程，二外教育正式啟航。民國97年教育部完成設置「第二外語學科中心」，讓推動高中第二外語教育工作有更實質的依歸；從民國105年起已進入第4個期程，計畫成果豐碩，高中第二外語開設已經普及，甚至有高中設立「第二外語特色課程」或「第二外語特色專班」，甚至以第二外語語種作為校內分班的依據，二外教育不但受到肯定，也廣受家長支持。依據第二外語學科中心統計，高中選修第二外語學生人數，已從90學年度的1,079人成長至105學年度的43,795人；而歷年開課語種亦從日、德、法、西4個語種累積成長至日、德、法、西、韓、俄、葡、義、拉丁文、越、泰、馬來語、印尼語、緬甸語和菲律賓語等15種語言。開課學校由90學年度的99校662班成長至105學年度193校1,517個班級數。尤其在102學年第2學期達到開課數高峰，總計269所學校開設1,951班；同時，在102學年第1學期也達到選修人數的高峰，總計高達59,188人。[1]

教育部於民國103年11月28日頒布「十二年國民基本教育課程綱要總綱」，以全人教育的精神為主軸，推動「自發」、「互動」及「共好」的教育理念，發展學生「自主行動」、「溝通互動」和「社會參與」之三面

---

1 參考：第二外語教育學科中心。網頁：http://www.2ndflcenter.tw/about.asp，日期2017年11月20日。

九項之核心素養（見下圖）。[2]為落實第二外語課程發展，「十二年國民
基本教育課程綱要—國民中小學暨普通型高級中等學校語文領域—第二外
國語文」首次將第二外語課程納入課程綱要之中，秉持總綱的理念，學習
內容涵蓋「語言知識」和「溝通能力」二大範疇。期待透過第二外語的
聽、說、讀、寫之學習，培養學子跨文化溝通之能力，得以合宜地運用習
得之語言知識，和目的語國家的國民進行溝通交流。學習過程中，一方
面增進學子對國際事務的關心和對外國文化社會的了解；另一方面可以讓
學子在網際網路日新月異的科技時代裡，培養具備善用科技和資訊的媒體
能力，進行問題理解、多元思辨分析、推理批判和反思、解決生活與生命
的問題，讓學子樂於參與國際社會活動，並具有國際移動力。[3]未來中等

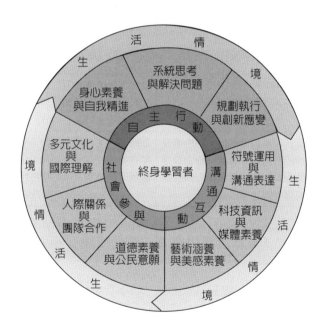

2　參考：十二年國民基本教育課程綱要總綱。國家教育研究院網頁：https://www.naer.
　　edu.tw/files/15-1000-7944,c639-1.php?Lang=zh-tw，日期2017年11月22日。

3　參考：十二年國教語文領域（英語文、第二外國語文）課綱草案（含國民中小學、
　　普通型、技術型及綜合型高中）。國家教育研究院網頁：http://www.naer.edu.tw/
　　files/15-1000-10472,c1174-1.php?Lang=zh-tw，日期2017年11月22日。

教學單位可以視學生需求和師資人力資源分配，在高中端可以自行調整加深加廣第二外國語文課程時數總計6學分和加深加廣選修第二外國語文與英語文任選一科或合計6學分兩種方式開設二外課程；國中端則是可以利用彈性學習課程或社團活動時間，提供學生選讀。中等教育中的第二外國語文學習可以提供學生適性與差異化教學，確保每位學子由不同學科管道獲得基本學力。此外，藉由跨領域與知識統整的應用類型課程，也讓學生可以利用不同管道進入大學學習。若有修習的學分符合大學先修學分的條件，日後也可以作為進入大學後學分抵免的優勢。

表1　十二年國民基本教育課程綱要─國民中學暨普通型高級中等學校語文領域─第二外語文時間分配

教育階段	國民中學			高級中等學校		
學習階段	第四學習階段			第五學習階段		
類別	七	八	九	十	十一	十二
第二外國語文	彈性學習課程			1.加深加廣選修第二外國語文至多6學分 2.加深加廣選修第二外國語文與英語文任選一科或合計至少6學分		
備註	國民中學教育階段，學校得視校內外資源，於彈性學習課程開設英語文以外之第二外國語文課程或社團活動。			高級中等學校教育階段，學校亦可依據學生需求與學校發展願景及特色，於校訂課程規劃第二外國語文（含新住民語文）課程。		

《十二年國民基本教育課程綱要─語文領域─第二外國語文課程手冊》含有五大元素：

1. 發展沿革與特色：規劃四個學習階段中完整的第二外語學習課程，以培養學習者的興趣與態度，培養日常生活溝通的語言能力和兼容並蓄的世界觀。

2. 核心素養與學習重點的呼應說明：依循總綱規劃之三面九項核心素養，詳述第二外語學習重點和核心素養重要內涵的對應關係。

3. 學習重點解析：強調科技學習，讓德語課程設計包含「學習表現」

和「學習內容」兩個面向，並提供四個階段的教學示例，作為教師課程規劃之參考。

4. 高中部課程架構與考招關係建議：透過部定6學分，建議教學單位可以視學生需求和師資人力自行調整加深加廣彈性組合課程，以供學生選讀，學修學分得以符合大學先修學分抵免或未來職涯規劃。

5. 素養導向教材編寫原則：透過課綱中「學習方法與策略」和「邏輯思考、判斷與創造力」提供教科書編審機制與落實第二外語學習成效。

二、青少年德語文教材教法理論

青少年德語文教材教法的發展和德語教學的演進過程息息相關。早從19世紀初的歐洲，在中學體制已發展出學習現代語言，如法文和英文習得的文法翻譯教學法，教學理論的基礎是起源於拉丁文和希臘文等古典語文的學習，透過將外語翻譯成母語的過程學習外語語法並理解文意，自然母語便是重要的課程語言。在1941-1943年間，在語用學和教育學的影響下，發展出聽說教學法和視聽教學法，這兩項語言教學法強調學習者在課堂中對外語的需求，以及透過模仿教師，發展其語言能力；聽說教學法和視聽教學法的內涵結合心理學和社會學，要求語言學習要結合圖與文、文體和語法，進而達到語言學習的目的與功能。這兩項教學法的重要成果是讓語言教育不再是菁英教育的一環，而是與科技結合的語言課程，尤其視聽教室的開發，讓語言教師和學習者之間可以做深入和個別化的學習。50年代語言學家結合文法翻譯教學法和聽說教學法，發展符合學習族群和學習環境的調和教學法，原因是當語言課程中面對來自不同族群國家、並且已經學過一種外語的成年人時，透過主題導引、文章和文法結構的介紹、以及反覆的語法練習，達到第二外語的學習目標。與文法翻譯教學法不同的是，此一教學法強調單一語言，也就是以外語為唯一學習語言。直到80年代，改革派反對枯燥的語言教學法，而演變出以「口說」為目標的直接教學法，語言學習逐漸趨向生活化，而母語仍被視為語言學習的干擾因素。

　　70年代強調語言課程與實務結合，語言學習也重視溝通能力的培養，語言課程內容要有語言情境和真實性的存在，課程目的要學習如何在日常生活中運用所學的知識，因此孕育出溝通教學法。溝通教學法強調學習者從週期性的學習過程中逐漸熟悉語言的複雜性，進而發展語言表達的能力，不需受整體語法學習的掌控。但是溝通教學法無法受到世人普遍接受，主要的批評點為：當學習者不在目的語國家時，便沒有練習的對象，尤其語言課程過度注重目的語國家的日常生活，常與學習者的本國文化格格不入。因此80年代下半，語言教學學家重新定義教學目標、主題編選，並且重新規劃學習過程，尤其加入學習者自身國家的特色，跨文化學習法因此應運而生。跨文化學習法讓語言學習更貼近人性，也符合現代人培養跨文化溝通能力的需求。[4]

　　依據語言學習理論，將語言學習分為第一語言習得和第二語言習得。第一語言習得主要定義每個小孩學習母語的基本能力與要件，第一語言習得不是單指一個語言的學習，而是幼童受到家庭因素或生活周遭環境因素所影響，習得一個或多個語言之能力。相較之下，第二語言的習得含跨外語學習，透過語言學、認知心理學和社會心理學的層次，探討學習者因年齡的差異，產生不同的語言學習需求，主要區分為成人外語學習和青少年外語學習兩個學習族群。[5]高中第二外語學習者為青少年族群，青少年族群是介於兒童與成人之間的蛻變期，他們的學習條件與學習模式不同於兒童或成年者。他們是帶著自身特有的認知、生理與社會條件來接觸第二外語：青少年已經有學習外文的經驗，通常第一外語是英文，而他們的第一語言，也就是母語還在發展的階段，因為腦部還在發育的進程中，所以在認知發展方面還有可塑性。隨著生理的發展，這個年紀的學習者已經慢慢地發展出個人興趣，對學習內容有強烈的選擇性，但在另一方面，他們又

4　參考：Gerhard Neuner, Hans Hunfeld (1993): Methoden des fremdsprachlichen Deutschunterrichts. Eine Einführung. Langenscheidt, Berlin.

5　參考：Ernst Apeltauer (1997): Grundlage des Erst-und Fremdsprachenerwerbs. Langenscheidt, Berlin.

欠缺穩定性，於情緒上容易有大幅度的波盪起伏，有時無法適當地掌控自己的注意力與專心度，學習動機無法高昂，甚至會畏懼開口說話。而圍繞在青少年周遭的社會條件也是會左右他們學習的一大因素：這個世代的青少年屬於網路的世代，亦即從小就接觸電腦、智慧手機以及社群網路的新世代，如何根據他們所處的條件來規劃第二外語學習，對教師而言是一大挑戰。但是努力理解他們的行為模式，就是跨出教學的第一步。而第二步就是因應他們這個年紀的需求，擬定教學策略，達成教學目標，若能成功奏效，也是一種充滿建設性、造福莘莘學子的教學樂趣。[6]

　　目前在臺灣將德語學習界定為第二語言學習，《德語教材教法》一書則因應第二外語課程設置於中等教育體系中，將學習者歸納為青少年德語學習者，唯有透過認知發展、身心理發展、社會發展的視野，加強學習者的學習動機，以趣味和數位教材設計課程，達到推動十二年國民教育的德語文學習。[7]

三、中等學校德語文教育發展

　　教育部於中華民國88年開始持續辦理「推動高級中學第二外語教育5年計畫」，目前為第4期的5年計畫階段。教育部計畫推動至今，對中等學校德語課程的發展已有諸多成效。

　　在教育部實施第二外語教育的初期，多數高中並未開設德語課程，許多學校僅以社團活動或晚自習等非正式的方式辦理德語課程。但在教育部於民國97年完成「普通高級中學第二外國語課程綱要」之後，德語課程得以確保在普通高中被正式選修的可能性。此外，教育部研擬高中第二外語教育與大學外語教育的接軌措施，於民國97年開辦「高級中學學生預修大學第二外語課程」的相關措施，不僅鼓勵大學為高級中學學生開設第二外語預修課程、推動「高中學生第二外語能力檢測」以評鑑學生的學習成效，也在多元入學管道中，將高中學生修習第二外語課程及第二外語檢測

6　參考：Wie Jugendliche Deutsch lernen. In: Fremdsprache Deutsch Nr. 51 2014, S. 4.

7　參考：Dorothé Salomo, Imke Mohr (2016): DaF für Jugendliche. Klett Verlag, München.

等情況納入甄選之考量，這讓選修德語的學生獲得適當發展的機會。此外，教育部還鼓勵高中建立「第二外語特色課程模式」，亦即增加德語的修課時數，並規劃課程，進一步強化學生與德語系國家的文化交流。開辦德語特色課程的學校，全國北、中、南部皆有高級中學辦理德語特色專班。

除了教育部的推動之外，德國公設民營的駐臺文化暨語言推廣單位歌德學院於民國97年協助推行「PASCH夥伴學校」計畫，並於民國104年啟動「歌德課堂」計畫。截至目前為止，歌德學院已經與臺灣五所高級中學建立PASCH夥伴學校的合作關係，並與臺灣15所具有「德語特色課程」或「特色專班」的高級中學簽訂德語課堂計畫，提供德語教學資源與師資培訓的機會。其目的是讓德語學習向下扎根，讓年輕的德語學習者儘早透過德語學習認識德國，進行國際交流、跨文化學習以及校際合作交流等活動。在這些多元力量的推動下，讓高中德語教育的質與量上皆獲得相當顯著的提升，尤其在選課人數、教學成效評估與活化教學方法等方面，都有卓越的成效。根據高級中學第二外語教育學科中心網站所提供的資料，在105學年度下學期，各級高中開設的德語課程班級數已經有199班，選修的人數高達5,795人。[8]

在歷經一連串的推動之後，目前高中德語文教育仍有待改善的問題，包括教育體制所帶來的限制以及師資遴聘問題。由於第二外語課程未列入大學入學學科能力測驗及指定科目考試之列，學生的興趣和家長以及學校的理念難敵升學競爭的壓力，以致德語課程的發展空間受到結構性的限制。在師資遴聘方面，教師即便取得中等學校德語教師的資格，也受到第二外語課程時數限制，加上德語課程非升學的制式課程，德語教師絕大多數淪為兼任流浪教師，無法受聘為專任教師，因此師資來源的不穩定為推廣高中德語教育的另一個極需克服的重大課題。課程開設時數限制與教師的遴選是一體的兩面，相互影響，這是推廣中等學校開設第二外語課程的

8　參考：第二外語教育學科中心。網頁：http://www.2ndflcenter.tw/about.asp，日期2017年11月20日。

過程當中必然會面臨的困境，偏鄉地區的資源嚴重缺乏也值得省思，以獲得解決之道。

　　針對現階段的這些現象，教育部在民國104年開始的5年計畫，提出了改善方案，積極著手中等學校德語教師培訓，以解決教師聘任的問題，並鼓勵大學院校師資培育中心培訓第二外語師資，鼓勵開設德語課程的高中能夠多提供機會給修習德語教育學程的師培生，進行入班教學見習與實習。因應這個趨勢，北部一所設有師資培育中心的大學由105學年度開始積極進行德語師資培育學程，責無旁貸地肩負起師資培訓的任務，並與德國駐臺單位及鄰近高中、國中合作，共同來推廣德語師資的培訓工作，致力於整體提升全國中等學校學生學習德語的成果。在德語為非升學科目的結構條件下，若能完善中等學校德語文教育與大學教育的連結機制，將有助於國內外語人才的養成。只要能夠有效強化相關教育人才養成的培訓機制，必定能進一步促進偏遠地區學校第二外語教育的發展，降低第二外語教育的城鄉差距。

四、德語師資培育發展與難題

　　關於十二年國教之德語師資培育，目前分為正規師資培育、教學支援人力培育以及現職教師之在職訓練等三方面進行。以下個別就其施行現況以及問題點詳細敘述。

㈠ 正規師資培育

　　目前臺灣北部共有兩所大專院校提供正規德語師培育學程，開設德語專門課程科目及教育學分，修習完畢的大學生可以參加教師資格檢定考試，通過者取得中學教師資格，成為中學德語正式師資。以其中一所大學為例，有志成為中學德語教師的大學生從大一下學期起即可申請正規德語師資培育學程，在德文系的學分之外，也修習中等學校教師師資職前教育課程教育專業課程科目，其中必修科目涵蓋教育基礎課程、教育方法課程、教材教法與教學實習課程等三大課程類別，選修科目則包括輔導知能、教學與行政知能等兩大課程類別，這些五花八門的教育課程科目有助

於優秀的德文系學生成為稱職的中學德語教師。[9]以其中必修的「德語教學實習」課程為例，指導老師除了協助師培生在學習社群中進行教材分析、教案設計、教學演示之外，也會帶領他們到國、高中的德語課程見習觀課和議課，透過實際課堂觀摩進行反思，亦邀請中學德語老師到課堂分享其經驗談、教導有用的教學策略。此外，師培中心所舉辦的教學實務能力檢測對於師培生的教案設計與教學演示能力也有很大的幫助，有利於他們日後參加教育實習以及教師甄試。

然而正規德語師資培育課程面臨的問題如下：由於目前中學德語教師的專任職缺非常稀少，設有正規德語師資培育學程的大專院校通常會鼓勵師培生培養雙專長，例如同時修習英語學程，以增加就業優勢。然而現況是取得中學德語教師資格的學生很難在中學找到專任教職，就算有雙專長還是幫助不大，再加上修習雙專長課程負擔較重，學生通常不得不因此延畢，所以很少有學生願意把大學時光投資在就業前景未明的正規師資培育課程，因此師培生人數不足又常導致開課不成的窘況。在各學科願意報名參加中學師資培育學程的學生人數普遍過少的情況之下，學校必須檢討是否有必要繼續經營師資培育中心。教育乃百年大計，要提高學生就讀教育學程的意願，只能請教育部、各縣市教育局和有志於加入培養中學生德語能力行列的國、高中詳加思索，如何確切提供專任德語教師職位，才能有效吸引以教學為志業的德文系學生投身教職，改善正規德語師資培育學程乏人問津的現狀。

(二) 教學支援人力培育

在上述的正規德語師資培育之外，臺灣南部和北部各有一所大學在其德語碩士班設有德語教學組，提供碩士生相關課程，甚至實際帶領碩士生到中學德語課程觀摩見習或是試教。也有國、高中會聘請修習德語教學的碩士研究生或是碩士畢業生到中學兼課。然而這些修習德語教學的碩士生

---

9 參考：該大學師培中心之教育專業課程科目及學分表。網頁：http://www.scu.edu.tw/edu/，日期2018年5月18日。

或是碩士畢業生並沒有正式中學教師資格，只能充當兼職教師，賺取微薄的鐘點費。儘管近年來中等學校師資的學歷逐年提升，碩士學位為多數中等學校甄選教師的重要考評條件之一，就讀德語系的大學生願意繼續升學到德語研究所、投入德語教學研究的學生卻少之又少，大學教授也很難說服學生繼續進修。

此外，許多國、高中傾向於與設有德語系的大學建立合作關係，由大學派遣大學專、兼任教師到校負責教授德語課程。這種合作方式對國、高中而言雖然相當方便，但是也會衍生出一些不容忽視的問題。首先，大學德語系所本身的師資人力調配已經非常吃緊，常會出現找不到老師可以派遣到國、高中教德語課的窘境。而且大學德語系所的師資各有其學術專長，以負責不同領域的專業課程，並非所有的老師都接受過專業的德語教學教育訓練，更遑論修習過以青少年為教學對象的德語教學法。如前所述，青少年族群學習第二外語的方式與成年人大不相同，對於國、高中生而言，德語並非有助於升學競爭之重要科目，因此他們的學習動機與主修德語的大學生有天壤之別。大學德語系所的老師在本業的學術研究、專業教學、輔導與服務之外，就算能夠抽空到國、高中教授德語課程，面對不熟悉的青少年學生族群，恐怕很難有能力設計出適合青少年且生動活潑的德語課程，或是選用適合青少年的德語教材以及教學策略，如此一來，就會對中學德語教學品質造成重大的影響。因此派遣大學德語系所的教師到國、高中教授德語課絕非解決師資需求的良策。校方應該要認清：並不是會講德語的人都能夠教好德語，與其要求大學德語系所的老師兼課，不如選聘接受過正規德語師資培育學程的人才擔任專任老師，才能為該校學生量身打造高品質的德語課程，並且和學生培養出彼此信賴的長期師生關係。

(三) 現職教師之在職訓練

在現職教師之在職訓練方面，臺北歌德學院定期提供工作坊與各種線上進修課程，讓大專院校以及國、高中的德語教師得以學習最新的德語教學法，並且認識最新的德語教材。此外，更優先提供國、高中的德語教

師到德國歌德學院參加進修課程的獎學金，以提升中學德語教師的語言能力以及其課程的教學品質。以「PASCH夥伴學校」計畫為例，夥伴學校網PASCH-net網站（www.pasch-net.de）上的學習平台提供德語教師有專人輔導的線上培訓課程以及各類德語教學資源，教師可以下載教材、交換教材，也可以獲得最新教學法的相關資訊。[10]

五、《德語教材教法》一書簡介

德語教材教法是職前師資培育的重要學科，《德語教材教法》一書則論及德語教學的學習目標、學習族群、教學方法與活動以及教學評鑑等不同教學重點，透過有系統的知識內容論述，介紹適合國民中小學暨普通型高級中等學校不同教育階段的德語學習要點。傳統的語言教學課程只強調課程內容和教師與學生之間的互動；因此，學生之間的互動關係、課堂的學習重點與學習方式、以及多元學習評量策略則容易遭受忽視。德語文教育的主要方法就是將德語知識以語言和文字的形式傳授給學習者，培養學生聽、說、讀、寫之能力。此外，德語課程也適度地從母語出發，讓學生可以從本身母語中已具備的生活形式與一般事物的觀念，啟發學習德語時對新語言的知能，連結到新文化的知識，培養學子的興趣，達到語言學習的目的。

《德語教材教法》一書主編為黃政傑教授，黃教授受教育部師資培育暨藝術教育司委託主持「分科教材教法專書編輯計畫」，共計四個子計畫。《德語教材教法》此書隸屬於張武昌教授主持的子計畫一，為針對國、英及第二外語領域11冊專書其中之一。此書的目的為配合十二年國教課綱之師資培育配套方案進行編撰德語教材教法專書，以強化師資培育之德語教材教法研究及教學能量，並落實二外課綱中德語文教育之重要理念和精神。此書係由德語教學教授共同撰寫而成，含跨理論與實務兩個面向，總共有十個章節。第一章導論簡介十二年國教第二外語課綱與德語教

---

10 參考：臺北歌德學院官方網站。網頁：https://www.goethe.de/ins/tw/cn/spr/eng/pas.html，日期2018年5月18日。

材教法理論、趨勢和未來展望以及德語師資培育課程的發展。第二章介紹歐語架構與十二年國教第二外語課綱學習能力指標，介紹中華民國中等教育語言教育政策，並確定中等教育德語課程的學習目標。第三章主要論述青少年第二外語學習理論與教學法，分析學習者類型與適性的教學法。第四章介紹德語語音學習和文法教學法，介紹自然學習發音法和整合性的文法教學法，不再受傳統語言教學法的侷限。第五章和第六章分別敘述聽、說、讀、寫教學法之必要性與其原理，透過綜合應用能力介紹，培養師培學生規劃課程和編寫教案之能力，設計符合各種學習群的課程計畫。第七章教材設計運用介紹現有教材，強化教材開發以及現有教材選用，訓練師培學生製作教具和規劃教學輔助教材。第八章文化教學法融入文化與議題與教學之中，目的在協助發展具有國際交流的德語語言能力，透過師培生培養年輕學子國際移動力與跨文化溝通能力。第九章多媒體教學法與科技教學資源運用，介紹電腦輔助語言教學和多媒體教學法，培養學子運用現今多媒體設備之能力，並積極發展運用雲端科技與雲端教室等資源。第十章多元學習評量與教學評鑑，介紹多元學習評量、等級測驗、教學評鑑和學習履歷的建構，讓德語教學得以在不同階段記錄學生的學習發展，也可以不斷省思與進行改進。此書預計於108學年度完成審定出版。

第九章

中學數學教材教法的
發展脈絡

單維彰
國立中央大學副教授

鄭章華
國家教育研究院助理研究員

吳汀菱
臺北市立中山女子高級中學教師

曾明德
臺北市立南門國民中學教師

陳玟樺
新北市清水高中國中部教師
臺灣師範大學課程與教學研究所博士候選人

壹、現況與問題

　　本節針對中學數學科教材教法的課程、研究及新挑戰，分析現況與指出問題。因為教材教法課程是數學師資培育的基礎課程之一，而教師的考選程序是影響師資培育品質的一項重要因素，所以本節也納入對於教師資格考試現況的觀察。

一、關於師資生的教材教法課程

　　在臺灣，有些師培機構礙於環境的限制，設計了合科授課的「教材與教法」課程，使得數學領域師資生與其他領域混班學習；因此，教授只能給予一般性的指導，缺少針對中學數學的深入討論。有些師培機構雖然請到專業系所的教授支援「數學科教材教法」課程，但由於系所教授多以數學研究工作為主要職志，無暇深入了解個人經驗以外的中學教育，導致課程內容在數學知識（Content Knowledge, CK）之著墨較深，而在數學教學知識（Pedagogical Content Knowledge, PCK）之著墨較淺。即使有幸請到參與教科書編寫或大考命題的教授來任課，則在其經驗範圍內能給師資生深入的指導，但是在中學生的認知發展、十二年統整的課程架構、國家教育政策與理念的大方向、以及擔任教師所需的評量技術等方面，仍有可能不完整。

　　前述窘境的關鍵問題，應是缺乏針對國內中學數學課程編寫的中文數學教材教法專書。本團隊從國家教育研究院和國立中央大學的圖書館，調查數學科教材教法的相關專書，自民國51年以來，一共找到22冊。其中幾冊其實是論文集或特定理念的闡述，未必適合當作教科書。而教科書又大多專談小學數學，少數涉及中學者，僅只觸及部分主題（例如從算術延伸到代數）。專門論述中學數學教材教法的中文書籍，只有三冊，其中最近的一冊出版於西元1992年（楊弢亮）；至於出版於西元2005年（張英傑等）的專書看似更新，但是該書以小學階段為主，有相當分量延伸至國中階段。這些涵蓋中學階段的教材教法中文專書，都僅及於國中階段的數學課程，並沒有高中階段的書籍。

　　因為缺乏中文教材，許多教授因此分發研究論文當作參考資料。本文部分作者經歷如此的課程，感到這些論文難免彼此缺乏關聯結構，而且常常是英文文獻，都妥協了教學的成效。至於英文的研究論文或專書，也因為我國的中學數學課程（特別是高中階段）與西方的差異頗大，幾乎都派不上用場。究其根本，本文認為乃是因為我國根據本身需求所做的中學數學教學之相關研究不足，此觀點之佐證如次節。

二、關於我國的中學數學教材教法研究

　　研究者查詢科技部的「學術補助獎勵查詢資料庫」，數學教育學門在民國78至106年這將近30年的時間裡，共補助810筆研究計畫；以「教學」為關鍵字來聚焦，共有82筆，約占10%。相對於「科學教育類」共補助13,356筆研究計畫，以「教學」為關鍵字來聚焦，共有5,036筆，占37.7%。由此可見，從通過執行的計畫案來看，數學教育界在教學研究上的比例，遠不如科學教育界。

　　在「科學教育類」搜尋「數學教學」，發現科技部在近30年間共補助了193筆研究計畫。研究者深入檢視計畫摘要或是期末報告，發現與「中學數學教材教法」相關的計畫案有37筆，占19.2%。其中以「教材教法」為計畫名稱的，只有林福來教授於民國86至88年執行之「教學思維的發展：整合數學教學知識的教材教法」三年期計畫。研究者同時發現，高中階段（普高與技高）的數學教學研究，集中在民國82至90年之間；包括徐松梅教授執行的「模糊數學模式在高級工業學校數學教學評鑑之應用（Ⅰ）」（民82）與黃大原教授執行的「網路多元數學教學模式的發展：高中職階段充實學習內容」（民90）。

　　上述少量的本地研究，產生了珍貴的成果，例如謝豐瑞教授在民國102年以「數學教學知識概念架構」為主題的研究計畫期末報告裡，指出中學數學師資生有兩大數學教學知識方面的問題：第一，職前教師缺乏理論與實務經驗，使其：

- 難以決定是否需要補充額外的數學教材。

- 無法視學生的學習理解來安排數學內容、實例與練習的順序。
- 拙於安排數學內容或實例之間的對照和連結。

第二，職前教師缺乏充分的教學知識，使其在安排評量活動的時候，難以判斷在特定的時間點（謝豐瑞，2015）：

- 應提供學生什麼樣的評量題目？
- 應評量學生哪些知識或能力？
- 識別題目的特質為何？

此外，研究者以「教材教法」為題名、關鍵字或書刊名來查詢「臺灣人文及社會科學引文索引資料庫」，自西元2000年以來，共得46篇論文，其中數學教材教法有七篇：小學四篇，國中三篇，高中沒有。在西元2001年出現了兩篇關於國中數學教材教法的學術論文之後，直到2016年才有另外一篇同類論文，主題是差異化教學。

以上針對國內數學教育之研究計畫與論文發表的調查，應可支持前述「中學數學教學之本國相關研究不足」的設想。

三、新時代「教材教法」內容的挑戰

近年產生多種數學教師尋求活化教學的自發性共備社群，發展出模型、探索、桌遊、摺紙、魔術等，琳瑯滿目的教學活動，意圖提升學生的學習興趣與成效。這個現象提出至少兩種新挑戰：其一，如何評判這些活動的品質？其二，如何將這些活動確保在教學目標之內，並達成目標？

其次，在活動與教育以外，網路上也有許多教學視頻，甚至完整的線上課程也唾手可得。師資生與在職教師一方面需要思考如何善用這些資源，協助自己更有效地達成教學任務，另一方面也可以參考有效的教學典範，從中學習而自我成長。善用教學視頻的意識與技術，也許還有待系統性的研究與開發。

最後，數位化的數學工具，例如符號運算軟體、數學繪圖App等，都有可能輔助數學的學習，同時也可能反而減損了學習數學的動機。教師如何將它們形塑成數學教學中的積極角色，使其成為學生運用數學解決問題

的得力助手？都是未來的數學科教材教法必須提出有效指引的新課題。

四、關於教檢與教甄

　　中學教師的資格檢定考試科目，甚至數學教師甄試內容，多半不涵蓋數學學習的心理學架構，也不含數學教育的原理和信念（價值觀），甚至不評量新進教師對於課程綱要的理解，所以就更不能奢望教甄內容包含學科教材教法的專業能力了。因為教檢和教甄對於學科教學知識（PCK）的輕忽，導致師資生不太重視此門師培課程的學習。在此制度面上，也值得相關人士思考合宜的因應變革。

貳、脈絡與傳承

　　本文作者回顧過去半個世紀以來，對臺灣中學數學教育發生長遠影響的自身傳統與西方思潮，歸結提出以下五項特徵：

　　一、按照知識之間的內部結構而編排的塊狀課程，來自每個主題獨立一冊的早期教材，長期實施以來，教師認定其為固有的內容與順序。

　　二、重實用、崇拜考試名次的傳統文化，前者蒙蔽數學在文化與思想層面的底蘊，後者過度強調數學成績的重要性，反而阻礙了理解與欣賞數學的機會。此外，對於考試「公平性」的深度執著，也是我國傳統文化的特徵。

　　三、強調數學抽象性原理的「新數學」，認為數學的威力來自其抽象性，甚至引申至數學為不可懷疑之真理。此觀念流傳至今的跡象之一，是教師誤以為數學課程的每個主題皆以嚴謹的數學內部邏輯銜接，而且在教學上必須先證明才應用。

　　四、源自1980年代美國數學教師協會提出「數學即解題」（Mathematics as Problem Solving）的數學價值觀與教學觀。直到今日，所謂探究式、啟發式之名的教學法，乃至於所謂數學閱讀的試題型文本，皆可視為此理念的流傳延展。

五、源自認知心理學而在1990年後逐漸興起的建構取向教學理念，關於學生主體性與鷹架設計的思想，以及結合前項理念而生的探究式教學，皆屬此類。

以上每項特色，皆以某種程度融滲在數學教育的學術界與實務圈，不容否認也不能忽視。教育應像有機體似的成長與改變，而不宜劇烈的變革，所以任何新的課程理念與教學設計，都有責任傳承本國的脈絡特色，以對比、類比或延伸轉化的形式，予以回應。

十二年國民基本教育揭櫫的理念乃是「素養」，其起源來自西方，但這次不是美國而是西元2000年代的歐洲（西歐）。此一思潮的根本理念，著眼在政府提供給國民的基本教育，對於建立和諧有效的社會所應負起的責任。然而，如此為「未來生活」做準備的實用主義教育觀，稍早已經傳入我國，表現在九年一貫課程綱要「帶得走的能力」上（單維彰，2016a）。

參、素養取向

當代之數學課程與教材教法，將以素養為取向。然而教育事業不宜劇烈地革命，所謂素養取向也可以承接傳統而做合適的轉移。以下第一小節即談承接與轉化，而第二小節對素養導向的數學課程，做簡明的詮釋。此番重新編寫的《中學數學教材教法》，當為實踐本節理念盡棉薄之力。

一、素養的傳承與轉化

以下先針對前節的一至五項特色，做簡短的回應，然後說明十二年國教課程對九年一貫課程的承續。

㈠ 從建構取向獲得的寶貴經驗之一，是學生的認知發展影響教學成效甚鉅。當中學生的數學認知發展缺乏心理學研究證據時，現在公認可行的作法，是參照數學發展史。將傳統的塊狀課程對照數學史，經常可以解釋學生長期表現出學習困難的主題段落：例如在99課綱之前，習慣於安排在10年級第二學期的三角與複數平面課程。訴諸於數學史，也比較容易獲

得數學教師同仁對於拆解數學課程的諒解。這一點，已經儘量在課程綱要的層次解決，但是課程內容的順序規劃，基本上仍大致沿用教師習慣的順序（單維彰，2016b）。

　　⑵ 在狹義範圍內，國內的大型考試持續朝素養目標改變，受讚賞的數學考題層出不窮，這些題型反而是領導教學變革的有效利器。在廣義範圍內，匡正科舉遺緒以及扭轉讀書惟高的社會價值觀，乃是社會與文化等級的工作，急不得也不得急，需謹慎而堅定地推行。

　　⑶ 數學的威力確實來自其抽象性，但這是數學思考方式的特質，而非數學技術的表象。在課程綱要層面，「新數學」已經被拆解殆盡，但是在教材層面（包括經審查的教科書）還有此殘念；特別需要協調的是教法。實務上，可贊同教師的抽象信念，但是要以兼顧實用性和學生認知發展作為平衡的信念。

　　⑷ 把「解題」轉化為「解決問題」，亦即將「題」的觀念從數學專家精心設計的絕妙好題，轉化成融入議題、跨學科領域、在生活職場科學與文化情境中具體呈現數學之概念、技術、與思維特質的問題。

　　⑸ 如第一項所述，學習者認知發展的考量，已經部分反應在課綱綱要的層面。然而，每個階段的教師，應當在每一個單元的教材教法中，隨時關照學生的認知發展。

　　十二年國教依然注重「帶得走的能力」，而九年一貫也無意貶損知識內涵。所謂素養，在知識與能力之外，多關注了態度。就中學數學而言，對數學的理想態度可以在個人感受的情意面以外，著重在學生心中建立以下意識：

　　㈠ 數學是「有用」的。

　　㈡ 數學對科技文明的貢獻良多。

　　㈢ 對周遭事物或現象多加敏察，很可能發現數學可以協助解決問題。

　　㈣ 數學是文化表現之一，它影響一個人的思維方式和處世傾向。

　　十二年國教總綱的「核心素養」適合作為國民教育完成時的理想願景，但是不容易直接用來作為課程或教材設計的架構。為此，數學領綱以

「知、行、識」作為課程設計的架構（林福來、單維彰、李源順、鄭章華，2013；單維彰，2018），意即設計教案時，以這三個向度來協助一份教案的均衡。而此架構以知、行對應素養所謂的知識和能力，以「識」包裹「態度」。在教學中關注「識」的向度，持續而具體地在學生的心中建立前述意識。

二、素養導向之教材教法簡明詮釋

本文建議使用「多重解析度」的方法來詮釋數學素養。最低解析度的詮釋，就是一言以蔽之的「為支持終身學習所需的數學知識、能力與態度」。在這個最基本的意義上，要將數學教育視為數學的「掃盲」工作：掃除數學文盲。一方面，「掃盲」其實是英文Literacy的一個恰當的中文翻譯，而另一方面，Literacy也是數學素養的「素養」字源。一個人只要不是文盲，將來就有機會自學。所以，在數學素養的內容取捨上，課綱已經有所抉擇，但教師在課堂裡面對具有個別差異的學生時，最低程度可以用這個詮釋，作為內容判斷的參考。

來到第二層解析度，素養導向的教材與教法，還是著重在提升學生的學習動機以及促進有效的學習。本文舉出三種特別推薦的方法：

㈠ 講人話。儘量以學生經驗範圍內的自然語言開始教學。

㈡ 重脈絡。為每個新課題找到前置經驗，從那裡出發。

㈢ 跨領域。陳竹亭教授曾說：「走入生活，自然就會跨領域」。既然我們相信數學無所不在，它就一定在我們的周圍。既然我們認定數學是科學的語言，就一定能在（自然、社會）科學裡找到數學。我們不是談課外的跨領域，而是在數學課程裡，取其他領域的知識作為學習動機或典型應用。

等到教師能夠輕鬆掌握第二層次之後，可以進入第三層次，那就是寫在數學領綱第一頁的五項基本理念；簡言之，就是語言、科學、文化、有感和工具，請直接閱讀數學領綱文件（教育部，2018）。

國家教育研究院為支援十二年國民基本教育課程之實施，從民國103

年起，由副院長領銜主持一系列的教學模組實驗計畫，旨在探究呼應十二年國教之「素養」理念的教材特徵，並製作單元實例。教師同仁在自行設計素養導向之數學教材時，可以參考前述計畫在國小、國中、普高及技高階段完成的教學模組，特別是本文第二作者在民國105年出版的專書第一章提出的「素養導向數學教材設計」六項原則（單維彰、鄭章華主編，2016）。至於解析度最高的素養導向數學教材教法之詮釋文件，則是數學領綱的課程說明手冊（國家教育研究院，2018）。

以上的數學素養詮釋傾向於內容向度，至於適合作為評量之參照的行為表現向度，則建議以教育部國民素養實施方案的數學素養研究報告為基礎（李國偉、黃文璋、楊德清、劉柏宏，2013），或參考本文第一作者所提的「芻議」（單維彰，2017）。

肆、未來展望

本節以教師的數學認識觀和跨域協作兩個面向，闡述中學數學教學的未來展望，期望能喚起數學教育界同仁共同的重視。

一、以教師的數學認識觀作為教學信念的根本轉變

教師信念在特定的行動脈絡中潛在地影響教師的教學知識（Fennema & Franke, 1992），師資培育重點自也無法避免將教師信念（teacher's beliefs）列為關注的重點。簡紅珠（1996）也提及，數學教師對數學本質的認知，及其對學生學習數學的信念，都會影響教學的實踐。因此，師資生以及在職數學教師本身的數學認識觀，可能是影響其教學信念及實際行動的最根本因素。數學領綱一再論述「課程綱要能夠支持素養的作為很少，唯有教師，才能將教學導向素養」便是此意。

然而，誠如張民杰（2017）所言，當前國內中等學校分科教材教法中主要涵蓋的內容，除了課程綱要、教案設計、教學策略方法、試教要領等外，其他的要素如教師信念與能力、勝任教師角色、教育理念等相關知

能，卻較少有相關籌劃。事實上，國人對「數學」的刻版印象，經常僅體認其作為一門「利用符號語言研究數量、結構、變化、空間等概念」的學科，而較少體認其作為溝通媒介、思考方法、處事態度的文化特徵。是以，面對時勢急速變遷，數學教材教法除了仍需在技術層面持續調整、精進與改善外，更應積極協助準數學教師認識與發展其適切的教學信念（謝豐瑞主編，2012）。對於有效達成此任務的理論與實務作法，則需受到全體學界同仁適當的重視。

二、議題融入教學與跨領域課程統整下的數學教材教法新取徑──「跨域協作」

十二年國民基本教育的總綱和數學領綱，皆強調「議題融入數學領域」以及「跨領域統整性主題／專題／議題探究」的學習經驗。高中階段雖然以分科教學為原則，但亦得透過跨領域／科目專題、實作／實驗課程或探索體驗等課程，以強化跨領域或跨科的課程統整與應用。雖然在研修108課綱的同時，議題融入與跨領域統整的課程就已經起步，但是因為缺乏大宗的典範與普遍的經驗，實際的教材可能還沒有產出，而教師的教學方法也尚未開始建立。

以往，數學學習之探究歷程無論於解題、推理與證明、溝通、連結上，多以實例進行解釋，且多具有「標準答案」。是以，在既有的數學教材教法參考書籍或手冊裡，自也多偏重以數學主題內容（數量關係、幾何、統計等）為教材，以系統化安排數學知識內容的教法。然而，在十二年國民基本教育的理念下，數學領域教學將遭逢的可能是學科界線的「交融」，也許要共同處理的會是一項可論辯、有選擇、以及需要行動實踐的「議題」。此議題可能無所謂唯一的「正確答案」，而更在乎找尋各種「可能答案」，而深入分析各種選項背後的觀點或假設，進行價值的澄清（國家教育研究院，2017）。是以，未來的數學教材教法勢將必須同步調整舊有之師資培育養成取徑。目前，較理想的作法仍是務實地進行「跨域協作」的實作；不過值得注意的是，究竟以學科本位進行知識統整，抑或以主題為中心進行學科統整，還需要以教學目標的考量做取捨。

參考文獻

李國偉、黃文璋、楊德清、劉柏宏（2013）。**教育部提昇國民素養實施方案——數學素養研究計畫結案報告**。臺北市：教育部。

林福來、單維彰、李源順、鄭章華（2013）。**「十二年國民基本教育領域綱要內容前導研究」整合型研究子計畫三：十二年國民基本教育數學領域綱要內容之前導研究報告**。新北市：國家教育研究院。

教育部（2018）。十二年國民基本教育國民中小學暨普通型高級中等學校數學領域課程綱要。臺北市：作者。取自https://www.naer.edu.tw/files/11-1000-1594.php。

國家教育研究院（2017）。十二年國民基本教育課程綱要國民中小學暨普通型高級中等學校議題融入說明手冊，更新二版。新北市：作者。取自http://www.naer.edu.tw/ezfiles/0/1000/img/67/185528144.pdf。

國家教育研究院（2018）。十二年國民基本教育國民中小學暨普通型高級中等學校數學領域課程手冊。新北市：作者。取自https://www.naer.edu.tw/files/11-1000-1621.php。

張英傑、周菊美（2005）。**中小學數學科教材教法**，譯自John A. van de Walle，*Elementry and Middle School Mathematics: Teaching Developmentally*，4th ed。臺北市：五南。

張民杰（2017）。**中等學校分科教材教法課程綱要檢視報告**。論文發表於在文化大學舉辦之「分科教材教法專書編輯計畫」第一年度工作坊，臺北市。

單維彰（2016a）。素養、課程與教材——以數學為例。**教育脈動**，5（電子期刊）。

單維彰（2016b）。**數學教材為支持素養學習所需之解構與重構**。論文發表於國家教育研究院「我們的教育，我們的未來」國際學術研討會，臺北市。

單維彰（2017）。素養評量芻議。**高中數學學科中心電子報**，124（電子期刊）。

單維彰（2018）。論知行識作爲素養培育的課程架構─以數學爲例。**臺灣教育評論月刊**，7(2)，101-106。

單維彰、鄭章華主編（2016）。**十二年國教數學素養導向課程設計與教學案例**。新北市：國家教育研究院。

楊弢亮（1992）。**中學數學教學法通論**。臺北市：九章出版社。

謝豐瑞主編（2012）。**臺灣數學師資培育跨國研究Taiwan TEDS-M 2008**。臺北市：國立臺灣師範大學數學系。

謝豐瑞（2015）。**臺灣數學教學知識概念架構與評量試題發展計畫**。科技部研究計畫成果報告：MOST 101-2511-S-003-022-MY2，臺北市。

簡紅珠（1996）。**師範學生對國小數學的學科知識與教學信念之研究**。國家科學委員會研究計畫成果報告：NSC 84-2511-S-134-001，臺北市。

Fennema, E., & Franke, M. L. (1992). Teachers' knowledge and its impact. In D. A. Grouws (Ed.), *Handbook of research on mathematics teaching and learning: A project of the National Council of Teachers of Mathematics*. (pp. 147-164). New York: Macmillan.

第十章

21世紀素養對數學師資教育未來發展的啟示

林碧珍
國立清華大學教授
李源順
臺北市立大學教授

壹、前言

　　當今快速變遷的社會，我們每一個人可能都會預想21世紀將會是一個什麼樣的世界？科技及資訊媒體的無界溝通，將世界縮小為隨時可以互相溝通的一個地球村，所以21世紀的國民需要的是全球競爭力，競爭對象不僅是境內的人，而是擴及全世界的人。未來21世紀是一個跨領域形成的社會經濟體，以知識經濟為主軸的世紀，需要的是具有國際視野，能和來自不同語言、文化背景，和不同觀念的人組成團隊，共同合作解決問題的國民，而不是單打獨鬥的個人。

　　21世紀世界各國都需要培養學生有關這個地球村需要具備的核心素養。OECD於1997年開始啟動了21世紀的關鍵能力，以「交互的使用工具、在社會異質群體中互動、自主行動」三者彼此間相互聯繫的不同面向，構成核心素養的基礎。受到歐盟核心素養架構的影響，有些國家在國家脈絡下發展自己的教育並與世界同步發展，積極展開制訂21世紀的教育政策；特別是培育21世紀國民所需要關鍵能力的課程改革；例如：美國21世紀技能（skills）以及新加坡21世紀素養（competencies）。本文嘗試探討美國21世紀技能架構，並說明新加坡21世紀素養，如何將21世紀素養或技能轉化為適合於自己國家師資培育與教師專業發展和數學課程的發展，以反思臺灣數學師資教育的現狀並提出未來發展方向的建議。

貳、21 世紀的關鍵能力

一、美國「P21」世紀技能架構

　　為因應全球化，未來社會不是用知識去就業，而是用技能去創造工作的未來。2002年美國由教育學者、教育專家、和企業領導者共同提出21世紀技能學習聯盟（Partnership for 21st Century Skills, P21），P21技能架構圖包含：核心技能、配套課程、支持系統間的相互關係，如圖1的彩虹圖。彩虹最外圈是21世紀技能，包含三大類技能：1.學習與創新技能；2.資

訊、媒體、科技技能；3.生活與工作技能。其中「學習與創新技能」包含四項能力（4C）：創造和創新（creativity and innovation）、批判性思考和問題解決（critical thinking and problem solving）、協作（collaboration）、溝通（communication）。「資訊、媒體、科技技能」包含資訊素養、媒體素養、科技素養三項能力。「生活與工作技能」包含：生產力與績效、領導力與責任心、彈性與適應力、社交與跨文化互動技能、進取心和自我導向五項能力。由此觀之，美國的skills已經引申為思維、素養，超出我們中文「技能」的範疇。彩虹的內圈是說明這些能力可以透過學科或主題來培養，數學是其中的一科主題可以跨學科培養，如金融素養、健康素養、公民素養、環境素養等。21世紀技能的培養需要四個支持系統：學習標準和評量、課程與教學、專業發展和學習環境。

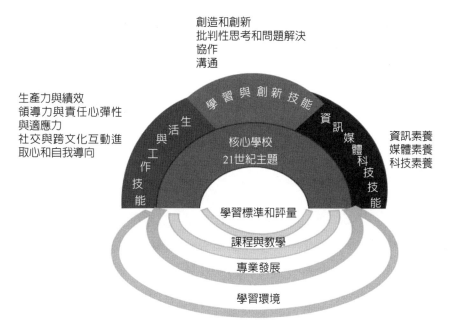

圖1　21世紀技能

資料來源：Partnership for 21 century skills, http://www.p21.org/about-us/p21-framework

21世紀國家競爭力將決定於教育，美國教師將學習與創新技能包含的「4Cs」融入於活動和任務設計中，鼓勵學生合作共享，發揮每個人的長處和優勢，取長補短。美國將21世紀技能與全國統一「共同核心州課程標準」（Common Core State Standards, CCSS）緊密結合，例如：數學實踐標準八項中的第三項（MP3）內容，強調培養學童建構合理的論述並能批判他人的論點；鼓勵學童能了解並使用假設、定義、及學過的數學概念來建立數學論證，也能從觀察資料中提出猜測，並利用各種不同的推理類型來驗證猜測（CCSSO ＆NGA, 2010）。美國也針對21世紀的學習提出以能力培養為目標的綜合性學習，從單一學科知識的學習走向了跨學科、綜合性和整體性的深度學習，是美國教育的趨勢。

二、新加坡「21世紀素養」的教育架構

新加坡以培養四個理想的教育成果「充滿自信的人、能主動學習的人、積極奉獻的人及心繫祖國的公民」，作為迎接21世紀新一輪教育改革的教育目標。隨著國際化程度的提高，確保國家經濟穩定快速發展，新加坡教育部在2010年提出以價值觀為核心的「21世紀素養」教育架構。

「21世紀素養」的教育架構圖有三個同心圓，同心圓的最內圈是價值觀素養，它決定一個人的品格，並能塑造個人的信念、態度和行動，是新加坡21世紀素養架構圖的核心。學生應具備的核心價值有六個：尊重、負責、正義、關懷、和諧、適應力。圍繞價值觀的中間環是「社交與情緒素養」，學生必須培養自我意識、自我管理、社會性意識、人際關係、及自我決策等素養。最外環是全球化環境中所需要的21世紀特殊素養，包括溝通和協同及科技、批判與創新思考、公民素養和全球意識與跨文化等素養。這個架構圖強調「核心價值」，是國民教育的根本，「社交與情緒素養」是枝幹，學科知識是細枝末節。

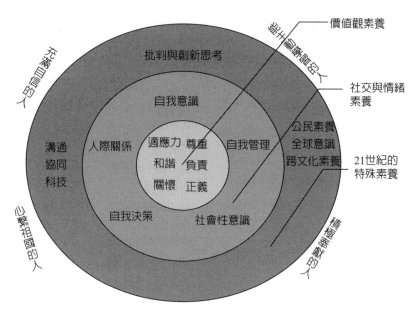

圖2　新加坡「21世紀素養」架構

資料來源：https://www.moe.gov.sg/education/education-system/21st-century-competencies

三、美國21世紀技能和新加坡21世紀素養的比較

　　比較美國21世紀技能和新加坡21世紀素養，發現兩國都重視創新和批判性思考、溝通、協作、資訊科技處理素養、公民素養及跨文化素養。表1中顯示美國重視生活與工作素養，如生產力、責任績效、有進取心、領導力、社交和變通能力；而新加坡強調國家和文化的認同感，覺知全球化的脈動。新加坡的後設認知素養不列在美國21世紀技能架構中。新加坡教育部認為這些素養的養成是受到一個人的價值觀所牽引，而核心價值並沒有在美國21世紀技能架構中。

表1 美國21世紀技能架構和新加坡21世紀素養架構的比較

美國21世紀技能（skills）	新加坡21世紀素養（competencies）
學習與創新技能	批判與創新思考
• 創造力和創新力	• 好奇心和創造力
• 批判性思考和問題解決	• 推理和決策能力
• 協作	• 後設認知
• 溝通	• 處理複雜和不明確的能力
資訊媒體科技技能	溝通、協作及科技
• 資訊素養	• 有效溝通
• 媒體素養	• 有效協作
• 科技素養	• 資訊處理能力、
	• 負責參與資訊規劃能力
生活與工作技能	公民素養和全球意識與跨文化
• 生產力與績效	• 積極的社區生活
• 領導力與責任心	• 國家和文化認同
• 彈性與適應力	• 全球意識
• 社交與跨文化互動	• 社會文化和宗教敏感度及意識
• 進取心和自我導向	

參、21 世紀素養需要的教師教育

一、美國21世紀技能的教師教育

美國為培養21世紀技能的學生，無論是未來的教師或師資培育者均需以配合21世紀學生需要的技能為前提，來規劃教師教育或專業發展課程。例如：Greenhill（2010）提出一份師資培育者白皮書，以及太平洋政策研究中心（Pacific Policy Research Center, 2010）針對要培養21世紀技能學生需要的教師，提出建議。此兩份文件都提到師資培育者的課程須與21世紀學生需要具備的技能一致。未來教師除了需要具備專業知識之外，尚需要培養溝通表達、創新思考、數位科技、終身學習，品格道德、專業態度等素養。要達到此目標，師資培育者不僅需要有一個支持系統來發展其專

業，而且要提供教師專業發展的學習機會。諸如，師資培育者須能提出符合21世紀技能的教師專業發展標準；須能融入科技於教材及教學中，並須能使用科技於學生的特殊需求；須能在不同教學策略之間取得平衡點，如問題導向（problem-based）或計畫導向（project-based）策略；須能主動參加學習社群，以及成為終身的學習者。

太平洋政策研究中心（2010）呼籲未來的教師須要致力於彼此的溝通和協作；須具有應變處理教室中發生的狀況，以培養學生獨立學習的技能；須樂於調整不同的教學型態及適應新的教學方法。總而言之，美國推動21世紀技能，未來須要的教師及師資培育者在課程規劃上，均須以自己成為21世紀的學習者、協調者、反思者為目標。

二、新加坡推動21世紀素養的職前培育課程

新加坡如何將21世紀素養轉化到職前教師培育課程？新加坡是以模組化方式將教育專業課程加以整合，職前培育課程分為八大類模組：教育研究類、課程研究類、學科知識類、基本課程、語言強化與學術對話技巧類、團隊服務學習、學術專長類、教學實習類等（NIE, 2012）。職前培育課程不僅重視學術專門知能，並強調教育理論與實務、重視學科知識與課程研究的結合、領域內容與教學法、教育知識與態度的多面向的整合、多科教學能力之養成、教師之口語及文字溝通能力之培養等。

21世紀素養將「公民素養和全球意識與跨文化素養」轉化為師資培育課程，其具體作法為：(1)重視服務學習，培養師培生的社會關懷、服務精神、公民責任等正向的價值觀；(2)重視師培生對於學生多樣性的知能培養：設立基本必修課程「多元文化研究：差異之欣賞與尊重」，強化師培生對於學生多樣性方面的認知與因應技巧。21世紀素養將「溝通和協作及科技素養」轉化為師資培育課程的具體作法為：將資訊與溝通科技融入教學納入師培課程中，重視資訊科技與教學之整合。

肆、21 世紀素養的學校數學課程

一、美國21世紀技能的數學課程

美國《共同州立核心標準》（Common Core State Standards Initiative, 2010）是為了學生面對未來21世紀的大學、職涯、生活所需要的技能做準備。此標準包含數學內容標準和數學實踐標準（Standards for Mathematical Practice）；數學實踐標準旨在落實數學內容標準。實踐標準分別以不同年級將這些技能融入到不同的數學學習內容。小學階段的數學學習內容包含：代數思考和運算、10進位的數概念和運算、整數系統、分數概念和運算、比值和比例關係、等式和方程式、測量和資料、幾何、統計與機率。

實踐標準強調批判性思考、系統性思考、解決問題、建構和評估證據為本的論點、和溝通等學習目標的重要性。美國國家研究協會（National Research Council, 2012）指出州立核心標準要達成的核心能力有對應到美國21世紀技能的4C技能。例如：(1)中有關與他人進行創意性的工作是對應到4C中的創造和創新；(2)有關有效推理、使用系統性思考、作判斷和決定、及解決問題是對應到4C中的批判性思考和問題解決；(3)有關和不同團隊有效率地工作、調整改變、富有責任績效和生產力、獨立工作、與展現出領導力和責任心對應到4C中的協作；(4)有關透過說數學、讀數學、寫數學、與作數學對應到4C中的溝通。

美國國家研究協會（2012）也指出學校數學中有兩個核心目標與21世紀技能最相關，這兩個目標是解題和推理。數學實踐標準中有關解題，強調學校課程應該讓學生學習各種解題策略，來解決非例行性數學問題，這些策略像捷思法，諸如：簡化問題、列表找規律、畫圖、回顧及監控答案。數學實踐標準中有關推理，強調學校課程應該讓學生有機會使用各種不同的推理與論證（如：幾何推理、代數推理、和比例推理）去衍生有效的數學證明（如發展有效論證）及產生反論點（如給出一個反例）。

二、新加坡推動21世紀素養的數學課程改革

新加坡歷經了1992、2001、2007、2013年四次的課程修改，數學課綱強調數學能力是培養一個人生產力的重要工具。新加坡的數學課程的五邊形架構模型，是以數學問題解決為核心。問題解決能力包含概念、過程、技能、態度和後設認知，如圖3。過程除了思考技能及解題策略之外，還包含推理、溝通、連結、應用和建模。技能強調數字計算、代數運算、空間視覺、資料處理、測量、使用數學工具和估算技能。程序包含兩類：(1)思考技術：分類、比較、排序、分析、找規律性、歸納、演繹、空間視覺化；(2)捷思法（Heuristics）。「後設認知」包含監控自己的思考過程及自我控制，檢查答案的合理性或可應用到哪些問題上。

新加坡的小學生在一到四年級採用全國統一的課程標準，但是在五年級開始分流。分流之後的學生，採用不同的數學綱要。有些新加坡教育學者認為，分流制度不但能提高教師的教學效率，提高課堂的學習效率，還能維持更多學生對於學習數學的信心和興趣。

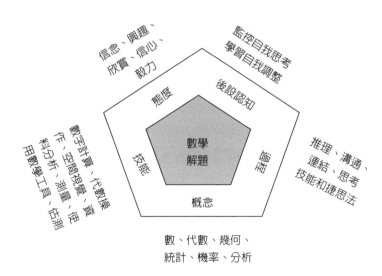

圖3　新加坡的數學課程架構

伍、21 世紀素養對臺灣數學師資教育未來發展的啓示

一、對臺灣數學師資教育未來發展的啓示

　　21世紀臺灣要培養什麼樣的人才來適應未來的社會呢？正在推動的十二年國教改革是目前臺灣最具指標性的國家文件，或許可以看出端倪。從美國和新加坡提出的21世紀素養所強調的溝通、協作及科技素養，及公民素養和全球意識與跨文化的素養，似乎體現在十二年國教課綱中所提倡的自主行動、溝通互動、與社會參與三面向的核心素養。由此可見，臺灣的教育改革在理想目標上，與國際接軌，逐漸朝向21世紀需要的人才邁進。

　　但若要達成十二年國教的核心素養，尚需對教育現狀有所調整改變或推動新的配套措施。諸如：藉由美國和新加坡的經驗，核心素養的推動需要強調不同學科間的跨領域整合和互動，鼓勵突破學科課程間的界限，倡導跨學科的學習。例如：主題教學，將相近的學科知識重新編排，形成學科整合的課程。學校現狀的學習也需做調整改變，諸如：落實創造力和創新力及批判性思考的人才培育；需從單打獨鬥互相競爭轉為團隊合作共同解決問題的學習氛圍；將科技視為是21世紀生活的工具；及以生活中的議題作為專題研究的主題等等，如表2。

　　培養學生具有21世紀素養是教師的首要責任，教育部也研擬了「師資培育課程規劃」未來師資培育的走向。在數學領域研擬了國小數學領域專門課程核心能力，數學領域專門課程五大核心能力包含：具備數學學科知能、具備數學課程的知能、了解學生學習數學的認知發展、具備數學教學與評量但的知能、應用數學教學的策略與資源（教育部，2018）。這些核心能力仍然強調專業及專門學科本質的教學相關知識，若參考美國及新加坡21世紀素養的師資培育配套方案，是否在師資培育課程架構的規劃也需考慮到師培生對學生對多樣化知能培養與因應技巧的多科教學能力養成之重視？是否在師資培育課程架構的規劃也需開設到師培生對養成學生有關全球意識與跨文化素養相關數學課程？如重視公民責任正向的數學價值

觀、多元文化差異之數學欣賞。

表2　學校未來的學習應做的改變

學校現狀的學習	學校未來的學習
學校課程或教學很少投入創造力和創新力的人才培育	強調創造力和創新力是帶動經濟成功重要的能力
單打獨鬥、互相競爭	以團隊協作共同解決問題
考試限制科技產品的使用	科技是生活的工具
學生很少進行專題研究	關心生活中的議題並進行專題研究

二、對臺灣數學師資教育現狀的反思

　　參酌我國十二年國教要培養學生核心素養、數學素養的理念，以及21世紀素養未來的師資培育觀點，發現教師需具備許多的專業知能，因此反思當今臺灣師資培育的現況，提出如下建議：

㈠ 學校教學包班制度需與師資培育政策同步調整改變

　　1994年《師資培育法》公布之前，小學師資培育因應國民學校教師採包班制，培養師範生以具備通才的廣博教育專業為主；但《師資培育法》公布之後，一般大學可設立教育學程，修讀40學分可取得小學師資資格。師資培育改革之後的小學教師，和《師範教育法》比較，理論上應具有較專業的學科專長，所以，小學教師需要有機會發揮學科專業的教學；然而，至今，我國師資培育制度與教學制度仍處於分離的狀態，小學教學仍採包班制。

㈡ 中、低年級教師需取得數學專長認證，高年級數學課採分科教學

　　美國21世紀技能教師專業發展提到，若要培養學生培養4C技能，教師需能對學科有深層的理解，才能增進學生的批判性思考和21世紀的其他技能。由於數學學科本質上具有邏輯推理的特性，要反駁不同意他人觀點或要說服別人接受自己的想法時，是以數學真理來判斷論據的有效性及合

理性，以理性溝通的方式，非藉由教師角色的權威，來達成共識；所以4C技能最適合在數學科培養。另外，因高年級的數學較難，若非具有數學專業背景的小學教師，無法理解數學教學需要的深層概念，例如：兩個全等三角形拼成的四邊形為何一定是平行四邊形，教師如何使用讓小學生可以理解的方法說明，這是小學數學教學需要的數學專門知識。同樣地，在中低年級需要了解學生數學的學習特性，才能有效地幫助學生學習。目前教育部已辦理國民小學教師加註英語、輔導、以及自然專長，建議增加辦理國民小學教師加註數學領域專長，或高年級教師需要數學認證或採分科教學，以提升數學教學品質。

(三) 師資培育課程架構需增加數學教育科目數及學分數

小學教育學程40學分中只有4學分與數學教學相關。若不具數理背景的文科專長職前教師，僅修讀4學分的普通數學及教材教法，在數學教學知能的訓練上是不足的，恐難以培育一位具數學教學專業的教師來培養學生的4C技能或素養，以因應21世紀的社會。若以國際數學職前教師培育（Teacher Education Development and Study in Mathematics）的研究結果顯示，新加坡的數學教學知識名列第一，顯著優於臺灣，其中一個相關因素是新加坡教師有較多的機會學習數學教育基礎科目及中小學數學相關的數學教育課程（林碧珍、謝豐瑞，2011）。因此建議，師資培育課程架構增加數學教育基礎科目及中小學數學教學相關的科目數及學分數。

參考文獻

林碧珍、謝豐瑞主編（2011）。**臺灣小學職前教師培育研究**（TEDS-M2008）。國立新竹教育大學出版。

教育部（2018）。**國民小學師資職前教育數學領域專門課程基準**（加註專長用）結案報告。臺北市：教育部。

CCSSO & the NGA Center (2010). *Common Core State Standards for Mathematics.* Washington, DC: CCSSO and the NGA Center. July, 7, 2018 Retrieved from http://www.corestandards.org/ assets/CCSSI_Math%20Standards.pdf

Education Bureau (2017). *Mathematics education key learning area curriculum guide*. Retrieved 2017, November 11 from www.edb.gov.hk/attachment/en/ curriculum./ME_KLACG_eng_draft_2017_04.pdf

Greenhill, V. (2010). *21st century knowledge and skills in educator preparation*. Partnership for 21st century skills. Retrieved 2018, July 7 from https://files. eric.ed.gov/fulltext/ED519336.pdf

Hoe, L. N. (2014). *21st century competencies & Singapore mathematics curriculum*. Keynote speech of AME-SMS Conference 2015. Retrieved 2018, July 7 from http://math.nie.edu.sg/ame/amesms15/download/K6_LNH.pdf.

Mahajan, S. (2014). *Mathematics for the 21ˢᵗ century: What student should learn?* Center for Curriculum Redesign Boston, Massachusetts. Retrieved 2018, July 7 fromhttp://curriculumredesign.org/wp-content/uploads/CCR-Maths-Thinking-Skills.pdf.

Ministry of Education. (2012). *21ˢᵗ century competencies*. Retrieved 2018, July 7 from https://www.moe.gov.sg/education/education-system/21st-century-competencies.

Ministry of Education. (2012). *Primary mathematics teaching and learning syllabus*. Singapore: Ministry of Education.

National Institute of Education (2012). *Bachelor of education (B Ed) 2012 - 2013*. The author: Singapore.

National Research Council (2014). *Education for life and work: Developing transferrable knowledge and skills in the 21ˢᵗ century* (pp.101-142). Washington, D. C.: The National Academic Press. doi: 10.17226/13398.

Pacific Policy Research Center (2010). *21st century skills for students and teachers*. Honolulu: Kamehameha Schools, Research & Evaluation Division.

第十一章

科學課程中科學探究
與實作的發展歷史

段曉林
國立彰化師範大學特聘教授
靳知勤
國立臺中教育大學特聘教授

壹、緒論

一、史波尼克號事件

科學探究的沿革可追溯到史波尼克號（Sputnik）事件，當時是在冷戰時期，美蘇兩國藉著較量軍事武力作為展現國力的象徵。1957年，當蘇聯將人類史上第一顆無人人造衛星史波尼克號發射到太空時，美國驚覺自己的太空科學落於蘇聯之後，乃透過深切反省尋求超越之道。其中，如何振興中小學的科學與數學教育，乃為釜底抽薪之一項。當時的美國總統甘迺迪全面提倡太空領域的研究，NASA中心開始成立。由於太空領域的研究需要大量的太空科學家，在1950年成立的美國國家科學基金會（National Science Foundation, NSF）開始重視太空科學的研究，也致力於美國科學研究能領先國際。在NSF一連串的重視科學與科技的研發之後，漸漸地約在1960年代也資助教育的研究。例如SAPA課程在1961年開始接受美國NSF的支助，利用約九年期間觀察科學家從事科學活動所需要的能力，綜合出科學過程技能，再透過Robert Gagne的課程理論發展出嚴謹的科學課程推廣科學探究技能，從國小時期的課程開始推廣。之後這些科學過程技能在科學教育領域廣為人知，其中包含八種基本科學過程技能：觀察、運用時空關係、分類、運用數值、測量、溝通、預測、推理；五種統整科學過程技能：確認變因、下操作型定義、確認可驗證的假說、數據及圖形解釋、設計實驗。

此外，NSF也在1960年代長期支助許多的教育研究，使得許多科教領域著名的課程，例如SAPA、PSSC、BSCS、ESS等應運而生。這些課程的重點是強調科學過程技能以及透過親自參與科學活動，並由參與的過程中發現與解決問題。主要的目的是希望透過這些科學過程技能，獲得科學知識的方法以及科學知識的教導，來培養國家未來的科學人才。基本上科學探究的雛型，由此次的科學課程改革開始；課室的教學不再以教師為主體，而轉向重視學生利用探索的方式進行學習（歐陽鍾仁，1988）。

二、2061計畫

　　在這些課程實施二十餘年之後，1981年8月由T. H. Bell教授所主導的國家卓越教育委員會（the National Commission on Excellence in Education）透過一年半的觀察與蒐集中小學教育的資料，並於1983年4月提出「國家在危機中」（A Nation at Risk）的報告。此報告指出美國政府需要檢視各級學校教學與學習的品質；建議進行跨國比較；對大學的入學標準與高中學生的成績從事研究；找出典範的大學，為何這些大學能讓學生有成功的學習；找出過去二十五年來社會以及教育的變遷如何影響學生的學習成績；真實面對美國教育的問題並加以解決，以達成卓越教育目標。此報告書也建議在四年（9-12年級）高中科學課程中，要教導學生科學概念、理論、理化與生物科學的過程；教導學生科學探究與推理的方法（the methods of scientific inquiry and reasoning）；應用科學知識於日常生活中；將科學與技學的發展應用於社會與環境中。科學課程必須修改以適合所有學生（包含讀與不讀大學的學生）。為因應此報告，1985年2061計畫（Project 2061）誕生（當年是哈雷彗星造訪地球的年份），此報告意表著人們關切這些1985年剛入學的學生，在兒童時期第一次看見哈雷彗星的到來，而當哈雷彗星2061年再次造訪地球時，他們已值人生的晚年，但童年時啟動的科學教育改革，是否能帶給他們不一樣的一生。換言之，當代科學與技學的改變，現在的所學能否應付他們的未來工作場域，學生能否獨立思考、有責任感，能否在科學與技學快速變遷的時代下仍能活得很有尊嚴，都是2061計畫所關切的重點。於是，透過一群科學家、數學家與技學家所組成的委員會，乃開始思考下一個世代的學生，所需要學習以及使用的科學、數學與技學，使之能成為具備科學素養的公民。根據此一思維，他們在1989年出版了一份名為〈全美國人的科學〉（Science for all Americans）的文件。在文件中提出具體改進美國學生科學知能的報告，並指出學生的科學素養必須包含廣泛的科學、技學（Technology）、數學領域的本質以及重要概念，其重點如下：

　　科學的本質包含科學的世界觀、探究的科學方法（scientific methods

of inquiry）以及科學企業。數學的本質，描述理論與應用數學的創造歷程。技學本質（Nature of Technology），檢視科技如何擴增我們的能力來改變世界，科技有時是需要付上代價的（trade-offs）。在物理的情境中，提出學生必須知道宇宙的基本概念以及結構以及運作這些事物背後的物理原理。生存環境則描述生物的功能以及它們如何在環境中相互互動。人體的組成係以人體當作生物系統進行學習。人類社會在探討個體以及群體的行為、社會組織以及社會變化的歷程。設計的世界則是討論人類如何透過科技（Science and Technology）來形塑與控制世界。

透過2061計畫，我們可看出過去三十年來，科學課程的改革已由培養科學家轉變為培養大眾具備科學素養。而科學過程技能，則轉換為探究的歷程中所需科學方法。而2061計畫也由過去僅重視科學，轉為重視科學、數學與技學的本質以及在生活上的應用。

三、美國科學教育標準

當美國提出全體公民要具備科學素養時，由美國國家科學院（National Academy of Sciences）主導，組織一群家長、科學家、各級科學教師、博物館工作人員、書商、課程設計者等人士，成立國家科學標準與評量委員會。此委員會也提出了設計科學課程標準的基本論點：學習科學是一個主動的歷程，學校的科學反映當代科學實務在智力上以及文化上的傳統，改善科學教育是屬於教育改革系統的一部分。他們提出美國國家科學教育標準（National Science Education Standards, NSES, 1996），其中制定的各種標準如：科學教師專業成長標準、教師教學標準、科學教育評量標準、科學內容標準、科學課程標準、科學教育系統標準等，來幫助整個國家的教育體系能朝全民科學素養的目標邁進。NSES有兩個目標，一是追求卓越，其二則是平等的議題。有關平等的議題目標是使所有美國的學生不論男女、年齡、文化或種族上的背景、殘障生，在科學中各種抱負、興趣與動機的學生等，都有機會獲得更高層次的科學素養。

NSES針對科學探究有如下的界定：

　　探究是科學家研究自然世界的多元方法，依據所蒐集的證據提出解釋。探究也可以是學生發展知識以及理解科學的想法，同時也是理解科學家如何研究自然世界的活動。科學探究是一種多面向的活動這包含觀察，提出問題，驗證課本或其他資源來、了解已知的知識，設計探究歷程，按照實驗證據回顧已知的知識，利用工具來蒐集，分析與詮釋資料，提出回答，解釋以及預測，溝通研究發現。科學探究需要確認假設，利用批判與邏輯思考，考慮另有的解釋（NSES, 1996, p.23）。

　　在2061計畫中已經將科學內容標準分為八個類別：結合科學的概念與歷程、科學探究、物質科學、生命科學、地球與太空科學、科學與科技、科學在個人與社會的觀點、科學歷史與本質。在這些分類中除了強調科學探究之外，科學的本質、科學與科技的關聯，以及科學與個人和社會性的關聯愈來愈顯重要。

　　由於NSES對不同年級的學生均訂定標準，例如：五到八年級學生應發展進行科學探究的能力如下：有能力找出探究的問題；能設計與執行科學的探究活動；能利用合宜的工具以及技術來蒐集分析以及詮釋資料；能使用所蒐集到的證據來描述、解釋、預測和建立模型；能利用邏輯思考與批判思考將證據與解釋連結；確認與分析另有的解釋以及預測；溝通科學的歷程以及解釋；運用數學在科學探究的各個面向。而在此年齡層的學童對於了解科學探究的真義如下：不同的問題應採用不同的探究方式；現今的科學知識與理解主導科學探究的方向；數學在科學探究各面向中扮演重要角色；在探究上使用科技有助於科學探究的精確度，也能幫助科學家分析與量化探究的結果；科學的解釋強調證據，有邏輯與一致的論點、利用科學原理、模型和理論；科學的進步取決於合理的懷疑；科學探究所產生的技術、知識與想法有助於新的探究的發生。九到十二年級學生在探究能力上，需具備的能力如下：能確認問題以及科學概念引導科學探究的進行；能設計以及執行科學探究；能利用科技以及數學來改進探究以及溝通；利用邏輯以及證據來形成與修改科學的解釋或是模型；確認以及分析

另有的解釋與模型；溝通與辯護科學的論點。在理解科學探究部分：科學家常探討物理、生物的世界或是設計的系統之功能，過去的歷史以及現有的知識引導科學家的探究方向；科學家有各種不同的理由從事科學探究；科學家依賴科技來加強其資料的蒐集以及操作；數學在科學探究中扮演關鍵的角色；科學的解釋必須具備下列的標準：解釋必須邏輯與一致，解釋必須有證據支持，解釋必須接受質疑必要時要以及可能需加以修改，解釋必須依據歷史以及當代的科學知識；科學家透過各種不同的探究以及溝通建構出新的知識以及方法。

在此NESE正式確認科學探究的內涵並提出各年級學生所需具備的探究能力，同時也訂定出教導各年級科學課程之教師所需具備的探究教學知能。因此在教育現場上推廣與落實科學探究成為很有用的依據。NSES也重視科學的本質以及全體的學生能將科學視為有用的能力，此能力可運用在日常生活中並改善生活的品質。

四、下一個世代的科學標準

時至21世紀，美國為了因應新世紀時代的潮流，於西元2011年提出〈下一個世代的科學標準〉（Next Generation Science Standards）。此標準強調透過科學、科技與工程領域上所需的科學知識與技能，重新檢視下一個世代公民所需的科學教育標準，以整合科學教育內容與核心概念。此次的課程改革強調三個重點：實務操作（practices），跨領域概念（cross-cutting-concepts）以及各領域核心概念（disciplinary core ideas）。在此計畫中，特別強調科學的探究以及工程領域的設計能力的養成。將先前所廣為使用的科學探究一詞，改為科學實作的理由是學生投入科學探究所需要的不只是技能而是進行每一個特定實作中將其科學知識展示出來。因此在評估學生的表現部分，所有的核心或是跨領域概念的標準均須包含能評估出學生的科學實作表現。

有關科學實作操作的內涵包含：在科學領域是提出問題，在工程領域是確認問題；發展以及應用模型；設計以及執行探究；分析以及詮釋資料；運用數學以及計算的思考；在科學問題的解答中建構科學，在工程領

域的問題中提出及解決問題的方法；透過證據參與論證的歷程；獲得、評鑑與溝通所研發出的資訊。

　　在跨領域的概念部分，NGSS提供非常有創意的跨領域概念，這包含：類型（pattern）；因果關係：反應機制與解釋；刻度（scale），比率（proportion），量化關係（quantity）；系統與系統的模型；能量與物質：流動、循環與保留（conservation）；結構（structure）與功能（functions）；穩定（stability）與改變（change）。這些跨領域的內涵再一次的突破NSES科學內容的定義，將不同領域的相似概念進行更縝密的結合。

　　至於各領域核心概念（disciplinary core ideas），則是依據物質科學，生命科學，地球與太空科學，以及工程、技術及應用科學等四個領域來制定。在物質科學領域分為：物質及其互動（PS1: Matter and its interactions），運動與恆定、力及其互動（PS2: Motion and stability、Forces and interactions），能量（PS3: Energy），波及其在資訊傳播科技上的應用（PS4: Waves and their applications in technologies for information transfer）。在生命科學領域方面包括：從分子到個體層次：結構及過程（LS1: From molecules to organisms: Structures and processes），生態系：互動、能量與動態（LS2: Ecosystems: Interactions, energy, and dynamics），遺傳：遺傳及特徵的變異（LS3: Heredity: Inheritance and variation of traits），生物演化：一致性與多樣性（LS4: Biological evolution: Unity and diversity）。在地球與太空科學領域方面包括：宇宙中的地球（ESS1: Earth's place in the universe），地球系統（ESS2: Earth's systems），地球及人類活動（ESS3: Earth and human activity）。在工程、技術及應用科學領域方面包括：工程設計（ETS1: Engineering design）以及工程、技術、科學與社會間的連結（ETS2: Links among engineering, technology, science, and society）。有別於過去對於知識內容領域的繁多，此次以核心概念的思維來發展學習內容，使之與探究及實作相互配合，以呼應科學素養目標的達成。

貳、結語

　　由上述美國科學課程發展史可看出，社會的需求以及時代的變遷使得美國科學教育的重心由科學知識的傳遞、科學過程技能的熟練轉變為科學探究與實作能力的培養，以及培養重視科學、技學、工程與數學統整之科技素養的公民，在這些課程變遷中科學探究與實作已漸漸成為美國科學課程的核心價值。

　　除此之外，成立於1961年的歐盟經濟合作暨發展組織OECD（Organization for Economic Cooperation and Development），自2000年開始執行國際學生能力評量計畫（the Programme for International Student Assessment, PISA）；主要的目的是測量各國未來公民（15歲）的科學、數學以及閱讀素養。PISA測驗的崛起，自2006至2015年參與的國家由57國增至72國，也呼應了國際上重視科學素養的重要性；而PISA所界定的科學素養包含，科學化的解釋現象，評估與設計科學探究，科學地詮釋數據及證據。其中對科學探究的重點強調如下：形成問題與假設；找出操縱變因、應變變因、控制變因；設計研究策略；進行實驗；整合分析結果；運用實驗證據進行科學解釋；形成科學原理、原則（佘曉清、林煥祥，2017）。透過PISA測驗的推廣到全世界75個國家，可看出科學素養以及科學探究已經成為許多國家的科學教育課程所重視的方向。

　　反觀我國近二十年來的科學課程發展史，於民國90年1月頒布的「國民中小學九年一貫課程綱要」（教育部，2001）中之「自然與生活科技」學習領域，也明確訂定「提升國民科學素養為科學教育的首要目標」。此素養的定義則為「蘊涵於內即為知識、見解與觀念，表現於外即為能力、技術與態度。」並指出透過自然科學學習應要達成：(1)過程技能，(2)科學與技術認知，(3)科學本質，(4)科技的發展，(5)科學態度，(6)思考智能，(7)科學應用，(8)設計與製作等八個面向的能力。顯示我國學課程重視科學素養的目標。而高中部分的科學課程則強調銜接九年一貫的科學課程，強調對各科學領域知識的精進，以及實驗技巧的培養，在高中部分比較少提及探究知能以及科學素養的養成（國家教育研究院，2017）。

而108年課綱中開始重視十二年課綱的連貫，各學科領域在國小、國中到高中階段如何的銜接，並因應時代的需求成就每一個孩子能適性揚才並進行終身學習。因此在科學課綱上強調學生素養的培養，此科學素養包含學生的學習表現以及學習內容。在學生的學習表現上強調培養探究能力（思考智能以及問題解決能力）以及科學的態度與本質。思考智能包含想像創造、推理論證，以及建立模型。在問題解決部分則包含觀察與訂題、計畫與執行、分析與發現以及討論與傳達。在科學的態度與本質部分包含培養科學探究的興趣、養成應用科學思考與探究的習慣、認識科學本質。最後的一部分是學習內容，這包含各科領域的核心概念以及跨科的統整議題（教育部，2014）。

由這些課程改變的趨勢可看出，臺灣的科學課程已站在時代的巨輪中邁進，而探究與實作為科學課程改革的引擎，也是培養學生成為具備科學素養公民中所必須擁有的能力。

參考文獻

佘曉清、林煥祥（2017）。**PISA 2015臺灣學生的表現**。臺北：心理出版社。

教育部（2014）。十二年國民基本教育課程綱要—總綱。臺北市：教育部。

國家教育院（2017）。十二年國民基本教育課程綱要—自然科學領域課程手冊（初稿）。資料來源https://www.naer.edu.tw/ezfiles/0/1000/img/67/196757124.pdf

歐陽鍾仁（1988）。**科學教育概論**。臺北：五南圖書出版公司。

American Association for the Advancement of Science (2013). *Science for all Americans*. AAAS.

National Research Council (1996). *National Science Education Standards*. The National Academy of Science.

National Research Council (2012). *A Framework for K-12 Science Education: Practices, Crosscutting Concepts, and Core Ideas*. Washington, D.C.: National Academy of Sciences.

第十二章

環境科學概論教材教法
之內涵與發展

張子超
國立臺灣師範大學環境教育研究所教授
石純齊
國立臺灣師範大學環境教育研究所博士生

壹、環境科學概論的理念與內涵

一、環境科學概論的理念發展

根據Singh（2006）於《*Environmental science*》第一章對環境的定義，環境由四個部分組成：1.大氣圈：大氣圈是指蘊含著氣體的保護層，環繞著地球，同時也維持地球上的生命。2.水圈：水圈包括所有類型的水資源，像是海洋、湖泊、河流、極地冰蓋，冰川和地下水等。3.岩石圈：是指地球的外層地幔，它由發生在地殼和土壤中的礦物等組成。4.生物圈：生物圈是指生物體的領域及其與環境（意即大氣、水圈和岩石圈）的相互作用。人類身處生物圈中，對環境有著極大的影響，近代的工業化、全球化發展，更加速了環境改變。環境科學關心人類活動所帶來的變化，以及對包括人類在內的生物圈福祉的直接和長期的影響（Allaby, M. 2002）。瑞秋卡森女士於1962年出版《寂靜的春天》，倡議化學汙染對自然環境、人類生活造成的巨大衝擊，引發美國的環境運動，並漸漸蔓延擴散至世界各地。環境學門最初就是為了「解決問題」而起，在知識之外，重視解決問題的能力及環境行動的執行。

環境科學概論除了回應1950-70年代所引發的環境汙染問題，而強調汙染問題的解決，也回應著1990年代以來的永續發展趨勢，而增加了環境倫理、環境管理、環境經濟、與環境社會學的內涵。「永續發展」的概念是提醒當代人在發展的同時，不能損及後代子孫的權益、不能破壞其他物種生存的權利。「環境科學概論」必須強調跨科際整合，將自然／社會互動成為「環境科學概論」的核心主題。

正因為工業革命之後，隨著科技的發展，人定勝天的觀念廣為流傳，一直到人類登陸月球，可算是這思維的巔峰，有趣的是人類並沒有因為科學知識的持續發展，而終於超越自然，相反的卻因對自然資源的濫用，而危害了自己的生存環境，所以人類對自然的態度在最近二、三十年間，顯著的改變了，逐漸了解到人只是整個生態平衡中的一分子而已，唯有維持自然生態平衡，才能使地球上的生態永續發展。環境科學要處理自然和

社會系統之間互動下所產生的問題；同時也藉由這門學科滿足人類基本需求，不損及當代人、未來世代子孫的權益，同時減少貧窮、維繫環境維生系統。

二、環境科學概論的內涵

環境科學概論屬於跨學科的科學，它涉及地球的物理和化學性質，也注重自然與社會兩者間的動態互動過程（Allaby, 2002）。尤其當今全球交流互動頻繁，國際社群得面臨處理如氣候變遷、全球暖化、能源、政治與經濟、跨國汙染等，諸如此類的大尺度、大區域性的全球議題。藉由環境科學，可幫助我們重建和修復：(1)物理系統（資源、能源、生態等）、(2)社會系統（如經濟、政府、產業、科技等）、(3)人類個人行為（生活方式、價值觀、健康等）這三者之間的關係。除此之外，由於當代環境問題牽涉極廣博，非一個領域就能解決，因此，環境科學的研究往往會有多個領域的專家參與，藉由他們專業知識和經驗，進行團隊分享和交流，共同處理錯綜複雜的全球環境議題。

若以高中及高職的學生為對象，「環境科學概論」的內涵應該讓學習者能有以下的學習：

第一、了解環境問題具有全球關聯的特質，是牽一髮動全身的問題；

第二、了解工業化、全球化的發展對環境的影響；

第三、探索永續生活的可能性；

第四、試圖找出讓自然資源更有效利用的方式；

第五、覺知在地、區域、國家、及全球環境問題。

環境科學概論的內涵除了大氣圈、水圈、岩石圈、生物圈的基本概念外，應該將焦點放在自然與社會兩者間的動態互動過程，尤其注重議題的探索、關切人在其中所造成的影響，同時，要讓學習者在認識自然環境的同時，也能引起對環境的興趣，了解自然的運作，理解環境的重要性。

貳、環境科學概論教材教法發展現況

一、環境科學概論教材教法與國民基本教育的關聯性

本節從環境教育角度出發，把「環境科學概論教材教法」放在九年一貫課程及十二年國民基本教育中的「環境教育」重要議題，探討環境科學概論教材教法要如何與環境教育進行搭配教學。

張子超（2017）認為：在九年一貫課程及十二年國民基本教育的課綱中，環境教育是必須融入的一項議題，雖然不是獨立的學習領域，卻因為必須融入在各個學習領域中，反而更具全面性與統整性。環境教育的課程發展必須奠基在環境倫理與永續發展的理念，以環境教育目標為指引，聚焦在環境教育的概念內涵，關切影響人類生存與發展的環境議題，然後思考教學的策略，而最終是落實在生活實踐。

環境科學概論教材教法依十二年國民基本教育課程綱要總綱（教育部發布版，2014）之課程目標「啟發生命潛能」、「陶養生活知能」、「促進生涯發展」、「涵育公民責任」結合核心素養加以發展，並考量各學習階段特性設定與之相關的重要議題，落實十二年國民基本教育「自發」、「互動」及「共好」的課程理念，以臻全人教育之理想。而在十二年國民基本教育中，環境科學概論教材教法可搭配環境教育進行教學。

十二年國民基本教育的環境教育基本理念有三：(1)環境教育以人類發展所引發的環境問題為主要關切；(2)環境教育以環境問題的覺知、知識、態度、技能及行動為課程目標；(3)環境教育以永續發展為終極目標。學習重點包括環境倫理、永續發展、氣候變遷、災害防救、及能資源永續利用等五個重要概念內涵，這五個概念定義了環境教育的內涵及教學的主要內容，同時也將環境科學教材教法包含在其中：環境倫理探討人與生態環境的倫理關係、永續發展在思考人類的發展策略、氣候變遷強調地球環境的變動與衝擊、災害防救介紹災害的成因與影響、能源資源永續利用則是環境知識的基礎理論與原則（高翠霞、張子超，2016）。不論是環境教育課程發展或是環境科學概論教材教法都必須完整包含這五個主題，

而且注意五個主題的相互關聯性。而在實施策略方面，如同其他的學習領域，學校環境教育的主軸是課程與教學，在九年一貫課程中，環境教育是七個必須融入的重大議題之一，雖然不是獨立的學習領域，卻因為必須融入在各個學習領域中，反而更具全面性與統整性。目前正在發展的十二年國民教育課程綱要，環境教育仍然是一個必須融入的重大議題。研究者以環境教育五項目標為指引及建構，這五項目標為環境覺知、環境知識、環境價值觀、環境技能、及環境行動，並介紹如何在學校進行環境教育的課程發展、教材編選、教學實施、教學資源、及學習評量，作為推動學校環境教育的參考。

　　綜上所述，藉由環境教育來看環境科學概論教材教法，的確可行，且在教學現場能夠立即銜接，增加各校使用環境科學概論教材教法的可行性。

二、與國際發展現況的關聯性

　　在1960年以後，各國政府紛紛訂立環境政策，設置環境保護機構，頒布環境保護法令，維護其國家環境的品質，例如蘇俄在1960年頒布自然保育法案，日本於1967年頒布公害對策基本法，美國國會亦於1970年制定環境政策法案。隨後，環境教育也受到重視，美國國會於1970年通過環境教育法案（Environmental Education Act），聯合國教科文組織（UNESCO）於1975年起實施國際環境教育計畫（International Environmental Education Program）各國政府遂大力推行環境教育（楊冠政，1999）。

　　人類正站在全球氣候劇烈變遷、自然資源逐漸枯竭、生物多樣性耗損、疾病擴散頻仍、糧食分配不均、貧窮人口不斷增加等關鍵問題的十字路口上，大自然失衡的現象讓人類開始反思：過去的經濟發展模式是否全然正確？今後發展方向如何在自然負載能力範圍與人類需求間取得平衡？永續發展（Sustainable Development）就是承載這時代各種重要思潮的方舟，希望扭轉地球當今失衡的發展模式，追求人類更長久的和平與繁榮。對永續發展而言，教育是關鍵。聯合國大會2002年通過決議，宣布2005至2014年為永續發展教育十年計畫（Decade of Education for Sustainable Development，簡稱DESD），期待透過教育帶起行動，朝千禧年發展目標（UN Millennium Development Goals）邁進。其中目標包括解決貧窮、飢餓、愛滋病和瘧疾等問題；並實踐兩性平權和永續使用環境資源等。由聯合國教科文組織（UNESCO）領導這個計畫，在永續發展教育眾多目標中，藉機再強調教育和學習角色的重要性，強調教育在推動更永續世界的重要角色，以落實永續發展教育的精神。

UNESCO在釐清與其他教育的關係以及徵詢各界的意見，於2005年提出永續發展教育十年的國際執行綱要（International Implementation Scheme, IIS），說明DESD與現存聯合國支持的教育機制的關係，並將「永續的未來」作為人類共同奮鬥的核心，把教育和學習作為推動永續發展的重要推動力。為了提升聯合國永續發展教育十年計畫之品質與效率，2007年聯合國教科文組織建立起DESD監測與評估專家團隊（Monitoring and Evaluation Expert Group，簡稱MEEG），提供適當的監測評估機制。

2012年在里約舉行的聯合國永續發展會議（Rio+20），國際社群宣示「永續發展教育不只是聯合國的十年計畫」，2013年聯合國教科文組織推出「永續發展教育全球行動計畫」（Global Action Programme on ESD, GAP）作為接替DESD在2014年結束後的後續行動，2014年聯合國教科文組織ESD全球會議上，正式宣布開始全球行動計畫，預計2015年的世界教育論壇（World Education Forum）就會開始評估全球行動計畫的執行成果。環境科學概論教材教法將搭配國際思潮，配合國際趨勢，例如：聯合國永續發展目標（SDGs）、全球行動計畫（GAP）進行發展。

參、永續科學概論專書寫作架構

本文作者正在撰述《環境科學概論教材教法》專書，並在篇章結構中展現環境科學概論的理念與內涵及教材教法的理論與應用。以下是《環境科學概論教材教法》的篇章架構及章節安排的說明：

《環境科學概論教材教法》的導論，旨在為學習者建構環境科學概論教材教法的初步輪廓；第一章將簡介環境科學概論的性質與定位、範圍與

功用，同時介紹環境科學概論教材教法的基礎，說明如何學習教材教法。第二章〈環境科學概論教材教法理論發展與趨勢〉，以「環境科學的發展與國際趨勢」及「科技發展對於教材教法的影響」為主要內容，旨在梳理環境科學的發展趨勢與國際脈絡，讓學習者能夠更全面、宏觀的以國際視野看待環境科學，同時也會將科技融入本章節，讓學習者跳脫以往的傳統教學，使其能運用科技教具進行教學。

　　第三章〈環境科學概論素養導向教學〉，介紹符合十二年國教理念的教學法，提供與環境科學概論相關的教學法：如議題導向教學法、解決問題導向教學法、價值澄清教學法、地方本位教學法等等，希望未來授課教師在面對錯綜複雜的環境議題時，能了解該採用什麼樣的教學法，達到什麼樣的教學目的？也期盼讓未來的授課教師能針對每一個環境議題，進行適地適用且符合學生需求的教學。第四章〈跨領域／跨科統整教學〉，則是跳脫單一學科，運用跨學科／跨領域的概念談統整教學。正因為環境科學屬於跨領域的學科，牽涉範圍極廣，正好可藉由地球科學、物理、化學、生物、數學、語文等多科的合作，進行統整教學，本章節將介紹如何將環境科學概論應用於跨領域教學，提供學習者在未來的授課現場提高跨科合作的意願。

　　第五章〈環境科學概論教材設計與適性教學〉，因應環境科學此一科目會因為整體環境（小至社區，大至縣市、省、國家、區域、全球）的改變而有所調整與進展，授課教師必須能夠充分掌握這些環境議題與相關資料，方能進行教學。申言之，具備「環境科學概論教材開發」與「環境科學概論教材選用」的能力，對授課教師極為重要。同時，除上述能力，學習者亦應該明白環境科學概論的適性教學、差異化教學。

　　第六章〈議題融入教學〉針對與環境科學概論相關的議題，進行案例介紹與探討，將以(1)氣候變遷，與(2)全球暖化兩個案例進行示範，選擇氣候變遷與全球暖化，實因此兩議題目前最受國際重視：況且，氣候變遷與全球暖化是你我都切身相關的議題，沒有人是局外人。未來的授課教師理應對氣候變遷和全球暖化這兩個議題的內涵與概念，具有一定的熟悉度和掌握度。

　　第七章〈教學設計〉將引導學習者發展環境科學概論教學計畫、環境科學概論教案詳案與簡案，透過教案的示例，可讓未來授課者更清楚、明白如何在教學現場進行環境科學概論的教學。第八章〈環境科學概論學習評量和教學評鑑〉，則是提供環境科學概論與相關的學習評量，除了傳統的紙筆測驗評量，因環境科學概論多以議題式教學，評量方式會以更多元的方式展現。授課教師除了期待學生能有環境知識的增長，更期待學生能夠在覺知、行為、及行動上有所增能，而這些面向在以往傳統紙筆測驗皆付之闕如。除此之外，我們將提供「教學省思及改進」此一小節，正因為環境科學概論這個科目如此新穎，跳脫以往的單一科目教學，未來授課教師將會面對更不同的考驗。我們將提供學習者檢核及省思的機會，讓學習者建建立完備的心態，以面對未來的職場挑戰。

　　第九章〈教學科技與教具的應用及教學環境安排〉，提供國內外現有的教學科技與教具應用。為了因應環境科學概論的多元教學，本書將針對室內課程的教學環境安排、室外課程的教學活動安排進行簡短的說明及提醒。

　　第十章〈相關教學資源介紹〉，本章將提供國內外重要參考書籍介紹、國內外重要教學網站分享、適合用於教學的影音資源介紹。

肆、環境科學概論教材教法的未來實踐

　　教育部規劃的「永續校園推廣計畫」，為建立一個進步、安全、衛生、健康、人性化的學習環境空間為主，並於擴大內需刺激景氣的期程內，加速推行校園公共工程改造計畫，藉由突破傳統校園封閉的環境與制式管理原則下，整合社區共同意識、建立社區風貌、拓展生態旅遊等課題，改造校園環境成為具有社區特質的公共活動空間，結合校園綠色技術實施應用，轉化國內相關產業技術，進而增進綠色產業推廣效益，落實擴大內需進而促進產業升級與提振國內景氣之功效，從而發揮永續臺灣、環境教育之積極意義與促成教育改革之目的。我們希望透過環境科學概論教材教法一書，回應永續校園的想法。

　　此外，我們期待未來能將環境科學概論科的師培生與職校的安衛人才結合。若環境科學概論科的師培生具有安衛專長，對高職學校而言，一來可提供校內既有人才開課的機會，提高職學校願意開設環境科學概論的意願；二來可提高高職學校聘任該科人才的可能性。對師培生而言，具備安衛能力，亦可增加自己的就業機會。再者，我們樂見透過環境科學概論的課程執行，讓單科型、技術型、綜合型的高中生站在未來的職涯的角度進行探索，不論是觀光旅遊、生態旅遊、飲食環保、環境安全衛生等等，從現有的職業發展前提，透過環境科學概論教材教法的展現，提升高中生在未來就業機會的啟發。

　　綜上，學習環境科學概論的內涵，就是在培養公民素養，透過環境科學概論教材教法的落實，可以建構學習者對全球環境議題的認識、提升對永續發展的理解，建立環境科學概論的基礎能力。環境科學概論教材教法很適合作為學校本位課程的發展的基石，可以結合探究與實作的課程發展，提升學習內涵的意義性與重要性，進而促進教師教學與學生學習的動機與興趣。

參考文獻

高翠霞、張子超（2016）。環境教育的發展脈絡與融入十二年國教的方法。**課程與教學，19**(2)，27-51。

張子超（2017）。議題教育的意義與課程融入——以環境教育為例。國家教育研究院教育脈動電子期刊，2017年09月，第11期。

教育部（2014）。**十二年國民基本教育課程綱要總綱**（教育部發布版）。行政院103年11月28日院臺教授國部字第1030135678A號函核定。

楊冠政（1999）。**環境教育**。國立編譯館主編。文明書局出版。

Allaby, M. (2002). Basics of environmental science. Routledge.

Carson, R. (2009). Silent spring. 1962.

Singh, Y. K. (2006). Environmental science. New Age International.

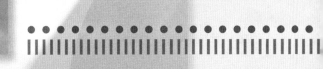

第十三章

綜合活動領域教材教法
的現況、趨勢與展望

方德隆
國立高雄師範大學教育學系教授
兼教育學院院長
丘愛鈴
國立高雄師範大學教育學系教授兼
師資培育與就業輔導處處長
王為國
國立清華大學教育與學習科技學系
副教授兼副系主任

壹、現況

綜合活動領域成為國民小學的學習領域，首見於民國89年教育部頒布的國民中小學九年一貫課程暫行綱要，接著於92年、97年修訂課綱。97年綜合活動學習領域課綱，其基本理念為：善用知識統整與協同教學，引導學習者透過體驗、省思與實踐，建構內化意義與涵養利他情懷，提升自我發展、生活經營、社會參與、保護自我與環境的生活實踐能力（教育部，2008）。教師教學應注意以下幾個要點（教育部，2008）：1.以學習者為中心；2.強化體驗學習；3.著重省思分享；4.強調生活實踐；5.建構內化意義；6.善用多元教學策略；7.落實領域教學；8.結合學校行事活動。評量方面，則宜採多元評量方式。綜合活動領域實施的年級方面，在低、中、高年級均有實施，每週實施節數為各學習階段的學習領域節數的10-15%，約是2-4節。目前綜合活動領域的授課可以分由導師授課及科任授課，由級任導師授課，比較能夠和其他領域的教學做統整，但也容易被挪為進行其他領域的學習活動。由科任教師授課，可以使綜合活動課有確保的授課時間，但較無法和其他領域做統整。

目前國民小學師資類科教育專業課程，包含教學基本學科課程、教育基礎課程、教育方法課程、教材教法與教學實習課程及選修課程等。其中教材教法與教學實習課程包含教學實習、國民小學國語教材教法、國民小學數學教材教法、國民小學自然與生活科技教材教法、國民小學社會教材教法、國民小學藝術與人文教材教法、國民小學健康與體育教材教法、國民小學綜合活動教材教法。其中教學實習、國民小學國語教材教法、國民小學數學教材教法列為必修，其餘領域教材教法則至少修習2科以上。因此國民小學綜合活動領域教材教法並非必修，師資生不一定會修習此科。

目前師資培育之大學培育國小師資類科計有16所，調查顯示「國民小學綜合活動教材教法」之開課狀況，僅有8所大學在102至104學年度開設此門課程。就104學年度開課情形而論，授課教師為該校編制內的專任教師者有5人，其餘8人皆為兼任教師，含中小學校長6人、教師2人；而在學分規劃方面，僅有3門課將綜合活動教材教法列為必修、1門列為必選修

（王為國、曾文鑑，2016）。

表1　97年綜合活動學習領域課程綱要

項目	97課綱
總目標	培養學生具備生活實踐的能力
課程目標	1.促進自我發展 2.落實生活經營 3.實踐社會參與 4.保護自我與環境
主題軸	4個主題軸、12項核心素養
內涵架構	能力指標
	核心素養
實施的年級	國小低、中、高（一至六）年級
實施節數	各學習階段的學習領域節數的10-15%
銜接	九年一貫
融入議題	未提到要融入的議題

資料來源：教育部（2008）。國民中小學九年一貫課程綱要綜合活動學習領域。臺北市：教育部。

貳、問題

綜合活動領域自實施以來，產生了若干問題，茲分別說明如下：

一、綜合活動領域授課時間被挪用

某些學校在綜合活動課時間安排校外團體到校授課，或者安排行政單位的宣導活動。而各班導師在國語、數學等科目進度來不及時，也運用綜合活動時間趕課，或者進行國語和數學的補救教學，或者有時體育課要上游泳時，也占用綜合活動課程時間，如此將綜合活動課變成了彈性運用的時間。上述現象導致了綜合活動領域被邊緣化（丘愛鈴，2006a；周水珍，2004）。

二、教師不理解綜合活動領域的內涵

　　某些教師認為綜合活動領域是可有可無的課程，綜合活動課類似以前的生活與倫理或是道德與健康課，或者認為綜合活動是彈性運用的時間，這些都是教師不理解綜合活動領域的課程綱要和能力指標所致（林彩雲、王為國，2013；周水珍，2004）。

三、教師綜合活動領域的專業知能仍需加強

　　綜合活動領域強調體驗、省思與實踐，但在現場的老師，對體驗學習之課程發展及教材編寫困難，教學不易使所有的學生都參與學習（吳木崑，2005），教學活動偏離體驗的精神（葉天喜，2004），或者學生在體驗之後難以進行反思和建構內化的意義（丘愛鈴，2006a），而學習評量受限於學生口語及文字的表達能力而有所限制（吳木崑，2005）。有些老師則因為教學時間有限或者未體認省思的重要性，不見得都會在活動完成後要求學生進行反思，或者產生重實踐輕反思的現象使得省思活動不見得落實（王為國，2015），故而教師綜合活動學習領域的專業知能仍需加強（丘愛鈴，2006a）。

四、學習內容與其他領域重複

　　綜合活動領域課綱內容和低年級的生活課程重疊性高，教科書部分學習內容與健康與體育、社會領域、自然與生活科技領域等內容重複（丘愛鈴，2006b；周水珍，2014）。在新課綱中，則將低年級將綜合活動領域融入生活課中，以解決重複性的問題。

五、師資生綜合活動教材教法知能仍待加強

　　師資培育大學的師資職前教育課程中，綜合活動領域教材教法大部分都列為選修，並非每一位師資生都有修習，本學習領域相關教學知能在師資職前培育階段的養成仍未普及，且師資培育大學具備國民小學綜合活動領域師資逐漸流失，實是亟需師資培育各級單位關切的問題。但國小教師

的任教生涯中，教導綜合活動的機會很大，故而師資培機構應該確保未來的準教師都具備此領域的任教能力。

參、發展趨勢

一、全人教育、終身學習理念下培養具有全球視野「生活能力」的未來公民為課程目標

　　108新課綱綜合活動領域呼應「十二年國民基本教育課程綱要總綱」（以下簡稱「十二年國教總綱」）「自發」、「互動」及「共好」的理念，參酌各國中小學全人教育（holistic education）和終身學習理念下，以跨學科的「生活能力」（life skills）促進學習者日常生活所需的核心素養，培養學生具備「價值探索、經驗統整與實踐創新」的能力。從先進國家課程發展趨勢可知，例如：2016年澳洲課程、評量和報告局（The Australian Curriculum, Assessment and Reporting Authority, ACARA），負責發展幼兒園到十二年級的國家課程，提出為了培養成功的學習者、擁有自信、豐富創造力以及學識豐富的積極公民，澳洲的年輕人要具有基礎計算能力、資訊與通訊科技（ICT）能力、批判和創造思考能力、個人和社會的適性發展、倫理的理解、多元文化理解等生活能力。新加坡的中小學課程結構亦以生活能力為核心，透過培養年輕人認識自己、自我管理、認識社會、人際關係、決定責任的生活能力，成為一個有自信的公民、自我決定的學習者、積極的貢獻者、關心社會的公民（田熊美保、秋田喜代美，2017）。日本文部科學省2017年公布之《小學校·中學校學習指導要領》說明「綜合學習時間」在認知目標上，透過探究性學習的過程中，獲得有關課題（學習對象）的概念性知識，使自己具備解決課題所必要的知識和技能，努力理解探究學習的好處。在思考力、判斷力、表現力的目標上，從真實社會和實際生活中找出問題點，自己設定課題，培養蒐集資訊，整理和分析，彙整總結與表現能力。在向學力、人格特質的情意目標上，努力培養學生主動學習、合作學習、探究學習，發揮彼此的優點，同時能積

極參與社會事務的態度（奈須正裕（編），2017）。

二、統整課程理念下同時實施跨學科／跨領域或分科統整課程設計

「綜合活動領域」（Integrative Activities Area）含括「統整課程」
（Integrated Curriculum）和「活動課程」（Activity Curriculum）的意涵，
統整課程受到進步主義教育哲學「學校即社會、教育即生活」理念，知識
社會學統合型（the integrated type）課程組織，以及認知發展理論知識建
構觀的影響，期望學生在真實的問題情境中，透過有意義的活動（學習任
務），統整應用所學並能從自我經驗統整的學習遷移到社會和自然情境的
學習。從先進國家課程發展趨勢可知，例如：芬蘭2016年8月開始實施的
新課綱，強調培養橫向統整的跨領域學習，學校提供學生每年至少一次合
作學習情境下的跨領域學習機會，學生能夠在幾位老師的指導下從事跨領
域以及現象為本的方案學習（phenomenon-based project），如城市規劃、
恐攻、歐盟、水資源、能量等（洪詠善，2014）。日本佐藤學（2010）提
出「主題─探究─表現」的「登山型課程組織」，日本中小學在「綜合學
習時間」進行跨學科和跨領域的統整學習，統整應用各學科的見解和思考
方式，以多樣化的角度去看廣泛的事物，把這樣的見解、思考方式與真實
社會、真實生活、或是自己的生存方式產生連貫，並持續地對事物抱持懷
疑的態度（奈須正裕（編），2017）。臺灣108新課綱綜合活動領域為符
應社會發展及國際趨勢，在課程設計上，發展跨學科／跨領域的統整課
程，並在領域課程學習內涵中納入「自主學習」、「生活美感與創新」、
「未來想像」、「道德思辨」與「環境永續」等概念，以彰顯本領域在新
一波課程中的特色與價值；綜合活動領域的學習內涵是由三個主題軸和
十二個核心項目建構而來，參見圖1（國家教育研究院，2016）。在橫向
統整方面，國中小學統整了家政、童軍、輔導，高中則實施生命教育、生
涯規劃、家政三科分科教學，在縱向連貫方面，國小、國中、高中各進行
不同的主題軸的學習以逐步累積式培養領域核心素養，並適度融入重要的
議題。

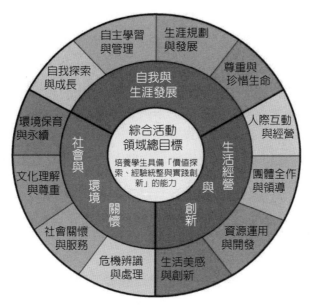

圖1　我國綜合活動領域的總目標與學習內涵（草案）

三、建構學習理論下實施體驗學習、探究學習、對話學習、合作學習等深度學習

　　建構學習理論認為學習是主動建構知識的過程，學習者在學習歷程中，以既有的概念和經驗為基礎，透過親身體驗、探究、合作、協商討論或互動對話建構認知發展、思考技能、價值觀或行為表現等歷程和結果。奠基於建構學習理論之下的108新課綱綜合活動領域為強化全體學習者能體驗、省思、實踐與創新，建構內化意義，提出六項教學原則：1.以學習者為中心，2.強化體驗學習，3.注重省思分享，4.強調生活實踐，5.力行實踐與創新，6.建構內化意義（國家教育研究院，2016）。從先進國家課程發展趨勢可知，例如：2016年8月開始實施的新課綱，讓不同領域／科目教師共同備課與協同教學，並且採取探究學習、問題導向、方案與檔案等學習方法，以真實與E化的學習情境引導學生學習。此外，學習過程中，學生必須參與其中，鼓勵能夠和專家社群一同工作，同時能夠分辨、分析

與善用訊息、資料與知識，在實作體驗中深度學習（洪詠善，2014）。日本中小學《學習指導要領》說明綜合學習時間實施的「探究學習」是如圖1所示的解決問題的活動，探究的過程是不斷反覆進行的一連串學習活動。透過「課題的設定，資訊的蒐集，整理、分析，摘要、表現」等四個學習活動，以螺旋方式逐漸提升學生發現問題、自己學習、自己思考、主體判斷以提出較佳解決問題的資質和能力。在解決問題和探究活動的過程中，相互提出自己的意見，也要能接受他人不同的思考和價值觀，同時培養同儕合作的態度（文部科學省，2009）。

肆、展望

一、綜合活動領域將持續作為具有學理基礎的活動課程

　　自本世紀（2000年）綜合活動領域成為國民中小學的學習領域以來，從早年「課外課程」（extra-curriculum）或課外活動，表示著與正式課程較不相關以及較不重要甚至負面的意涵，社會學習甚於認知學習、學生主導而非教師規劃、課餘時間而非正式排課；接著有了較正面的名詞，稱為「聯課活動」（co-curricular activities），意指強調學生教室學習和活動統整的重要性，以及課外活動和正式課程是等同重要的（Berk, 1992）；最後發展為「綜合活動領域」，強調認知、情意與技能完整的學習、納入正式課規劃並強化學習內涵之建構，在課程史上具有重大意義。在九年一貫課程中，原國中小的輔導活動、童軍活動、家政活動、團體活動等，因頗能符合本領域的課程目標，故包含在本學習領域的範圍內。本學習領域經過多年的實施經驗，上述課程名稱及活動內涵已逐漸含括為一個獨立的學習領域。

二、綜合活動領域的總目標在培養具備全球素養的世界公民

　　「綜合活動學習領域」誕生之際，所謂的「綜合」是指萬事萬物中自然涵融的各類知識，「活動」是指兼具心智與行為運作的活動，學習者對

所知的萬事萬物要產生更深入的認識，需透過實踐、體驗與省思，建構內化的意義。民國97年修訂國民中小學九年一貫課程綜合活動領域課綱，本學習領域之內涵架構即揭示具有前瞻性的「自我發展」、「生活經營」、「社會參與」、「危機辨識與處理」四大主題，以及十二項核心素養。直到十二年國民基本教育課程綜合活動領域，沿用項主題軸及十二個主題項目，呼應「十二年國教總綱」、「自發」、「互動」及「共好」的理念，確認「培養學生具備價值探索、經驗統整與實踐創新」的總目標，綜合活動學習領域是所有課程領域最早使用核心素養的內涵架構，而綜合活動學習領域肯定是落實素養導向課綱的主要學習領域。本領域也符應世界主要國家課程改革趨勢，培養具備「自主學習」、「生活美感與創新」、「未來想像」、「道德思辨」與「環境永續」全球素養（OECD, 2016）的世界公民。

三、綜合活動領域教材教法是培養具備教授本領域師資的必備課程

「國民小學綜合活動學習領域教材教法」是國民小學師資職前教育課程教育專業課程科目中「教材教法與教學實習課程」的重要科目，國民中小學九年一貫課程綜合活動領域課綱對於本領域師資安排的原則有清楚說明，各校應遴聘具備本學習領域關鍵能力的合格教師擔任，並應修習本學習領域核心課程至少二學分或參與本學習領域基礎研習至少三十六小時。「國民小學綜合活動學習領域教材教法」是確保授課教師具備本學習領域關鍵能力的基礎學科，也是在職教師進修本領域專長的第二專長學科。

綜合活動學習領域教師應具備本學習領域關鍵能力如下：

1. 教材教法知能

(1) 本領域教材教法理論與發展趨勢。

(2) 素養導向／跨領域統整教學。

2. 教材設計知能

(1) 教材開發、教材選用、適性教學、差異化教學。

(2) 本領域教材設計、議題融入與適性學習。

3. **教材內容知能**

(1) 本領域主題軸、主題項目及學習重點。

(2) 根據本領域學習重點設計教學活動。

(3) 運用與整合本領域教學資源。

4. **學習評量知能**

(1) 根據學生個別差異採取適性、多元評量方法。

(2) 設計本領域學習評量工具，如：口語評量、實作評量、檔案評量與高層次紙筆評量等。

(3) 依據本領域評量結果，省思教學效能並調整教學。

四、綜合活動領域教材教法兼顧領域內容及探究方法

綜合活動領域教材教法兼顧「教材」領域內容及「教法」探究方法，在教學活動設計的原則如下：

1. 以生活真實情境的問題或現象為主題，規劃學習活動，引導學生進行探究與思考，並產生問題意識。

2. 學習目標應整合知識、技能與態度，培養學生價值探索、經驗統整與實踐創新的能力。

3. 依據核心素養、學習表現、學習內容，訂定學習目標，考量學生差異性需求，選用適合的教學方法與策略，以激發學生學習動機，促進同儕合作，成為主動的學習者。

4. 教學原則須符應以學習者為中心，強化體驗學習、著重省思分享、力行實踐與創新，以建構個人內化之意義。

5. 教學策略宜活潑多元，以落實領域基本理念，如：探索活動、角色扮演、價值澄清、合作學習、問題解決與創意思考等。

參考文獻

文部科學省（2009）。**高等学校学習指導要領解說 総合的な學習の時間編**。東京都：海文堂。

王爲國（2015）。國小綜合活動領域之實施建言。**臺灣教育評論月刊**，
　　4(1)，127-128。

王爲國、曾文鑑（2016）。**教育部國民小學師資培用聯盟綜合活動學習領域**
　　教學研究中心105學年度推動計畫書。

丘愛鈴（2006a）。臺灣綜合活動領域研究的回顧與展望。**高雄師大學報**，
　　20，21-44。

丘愛鈴（2006b）。國小高年級綜合活動教科書之評鑑。**課程與教學**，**9(3)**，
　　121-138。

田熊美保、秋田喜代美（2017）。載於佐藤學、秋田喜代美、志水宏吉、小
　　玉重夫、北村友人等編。**學びとカリキュラム**（岩波講座　教育変革へ
　　の展望　第5巻）（頁273-309）。東京都：岩波書店。

佐藤學（2010）。**教育の方法（放送大學叢書）**。東京都：左右社。

吳木崑（2005）。**國小二年級綜合活動實施體驗學習之行動研究**（未出版之
　　碩士論文）。國立臺北師範學院，臺北市。

周水珍（2004）。國小綜合活動領域的實施困境與改進策略之研究。**花蓮師**
　　院學報，**19**，61-84。

奈須正裕（編）（2017）。**よくわかる小学校・中學校新學習指導要領全文**
　　と要点解說（「新教育課程」ポイント理解シリーズ**No.2**）ムック。東
　　京都：教育開發研究所。

林彩雲、王爲國（2013）。國小教師綜合活動領域課程實踐之探究。**教育研**
　　究月刊，**234**，121-138。

洪詠善（2014）。**學習趨勢：跨領域、現象爲本的統整學習**。國家教育
　　研究院電子報，134期。取自http://epaper.naer.edu.tw/index.php?edm_
　　no=134&content_no=2671

國家教育研究院（2016）。十二年國民基本教育課程綱要國民中小學暨普通
　　型高級中等學校綜合活動領域（草案）。新北市：同作者。

教育部（2008）。**國民中小學九年一貫課程綱要綜合活動領域**。臺北市：教
　　育部。

葉天喜（2004）。**落實綜合活動課程本質之個案研究——以一所國民小學爲**

例（未出版之碩士論文）。國立臺中師範學院，臺中市。

Berk, L. E. (1992). The extra curriculum, In P. W. Jackson (ed.) *Handbook of research on curriculum: A project of the American Educational Research Association*. New York : Macmillan Pub. Co.

OECD (2016). *Global competency for an inclusive world*, from https://www.oecd.org/education/Global-competency-for-an-inclusive-world.pdf

第十四章

家政學與中等學校
家政教材教法

周麗端
國立臺灣師範大學副教授

魏秀珍
國立臺灣師範大學副教授

葉明芬
國立臺灣師範大學助理教授

曾慶玲
臺北市立建國高級中學專任教師

鄭忍嬌
臺北市立成功高級中學專任教師

壹、家政學的本質

　　家政學的發展，與19世紀美國社會開始重視幼兒教養、飲食與營養、消費與金錢管理及女性受教權有高度的關聯，在經過社會上的幾項重要運動後，漸漸發展成早期的家政學，這幾項社會上的運動，包含幼稚園的設立、廚房花園運動、新英格蘭廚房和示範廚房運動、烹調學校的設立、大學開始招收女性學生等。依據1862年美國通過的莫里爾法案（The Morrill Act）所設立的授田大學（The Land-Grant University），更是開創高等教育開設與研究家政相關議題的濫觴，當時一些大學開設課程包含食物和飲食學、家庭衛生、家庭美學、家庭科學等（許美瑞，1981）。

　　除上述外，家政學的發展亦深受麻省理工學院（Massachusetts Institute of Technology, MIT）第一位女學生Ellen Swallow Richards的影響。Swallow在麻省理工學院主修化學，關注食物營養、幼兒教養、公共衛生、消費、及女性權利等，不但在1878年於麻省理工學院設立「婦女實驗室」，發動女學生將市場的食物帶到實驗室分析，師生共同將研究結果出版《烹調與清潔的化學》、《食材與餐雜》等專書，成為近代食品安全的改革者（張文亮，2016）；還與一些學者歷經十次柏拉特湖會議（Lake Placid Conference）於1909年共同創立「美國家政學會」（American Home Economics Association，簡稱AHEA），因而Ellen Swallow Richards被家政學領域推崇為家政的創始者。

　　美國AHEA倡導以「應用科學研究成果，改善家庭生活」為宗旨，創立之初以Betty Lamp（圖1）為學會象徵符號。Betty Lamp是源自德文"besser"或"bete"，代表更好的意義。爾後，於1993年的Scottsdale會議（Scottsdale Meeting）中，因應消費主義的興起，在會議中重新檢視將家政的專業定位、任務、範圍及名稱，並於1994年更名為「家庭與消費科學學會（American Association of Family & Consumer Sciences，簡稱AAFCS）」，並修改學會象徵符號（圖2），惟仍沿用Betty Lamp的象徵意義。

圖1　AHEA象徵符號

圖2　AAFCS象徵符號

更名後的AAFCS，因應社會變遷、學科理論與內涵的發展，重新建構家政學的知識體（圖3）。重新建構的家政學知識體，採生態系統觀點為架構，以人類的基本需求、個人福祉、家庭強化、社區活力為核心概念，並以生命歷程發展、人類生態系統為理論基礎，最後以能力建構、全球互依、資源發展與永續、適當使用科技、健康等主題作為家庭與消費科學思考在變遷社會環境中的專業實踐（Nickols, S. Y. et al., 2009）。

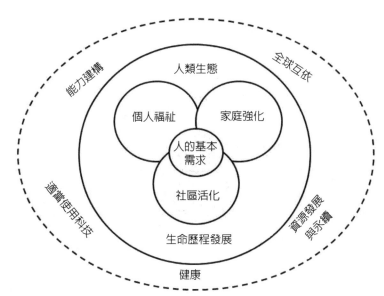

圖3　家庭與消費科學知識體

資料來源：https://www.aafcs.org/about/about-us/what-is-fcs

貳、高級中等以下學校家政教材教法

一、高級中等以下學校家政教材

㈠現行九年一貫課綱國民中學家政

　　國中家政教育係統整自然科學、人文社會與藝術知能，以改善生活之實踐教育活動。主要內涵包括「飲食」、「衣著」、「生活管理」、「家庭」四大範疇；「家政教育」學習內涵包括二部分：一為家政教育實習，另一為融入七大學習領域。

　　1. 綜合活動領域中的家政教育

　　綜合活動學習領域總目標為「培養學生具備生活實踐的能力」，強調引導學習者進行體驗、省思與實踐，並能驗證與應用所知的相關活動，領域包括：輔導活動、童軍活動、家政活動、團體活動、服務學習活動，以及需要跨越學習領域聯絡合作的學習活動。而家政教育在九年一貫綱要中亦稱為家政教育課程實習，其內涵包括：家庭與生活管理活動、飲食生活活動以及衣著生活活動等三部分。課程安排在二至九年級，九年級每週各科一節的學習時間，於綜合活動學習領域中執行，詳細學習主題參考表1。

　　2. 「家政教育」為重大議題融入七大學習領域

　　九年一貫課程強調國民教育階段的課程設計應以學生為主體，以生活為重心，培養現代國民所需的基本能力，透過「家政」議題的實施，可以落實人性化、生活化、適性化、統整化與現代化之學習領域教育活動。家政教育為重大議題之一，議題融入七大學習領域部分，學校應儘量設計家政與各學習領域整合之教學，讓學生在中小學所學的家政知能充分應用於學習活動中，以期培養學生的基本生活知能，體驗實際生活，增進生活情趣。

㈡ 現行99課綱的高中職家政

1. 高中家政課程

高中家政，包含必修與選修課程。必修家政課程從學生經驗出發，以家庭生活為核心，培養個人與經營家庭所須具備的生活能力。必修家政課程內容包含十項主題。除必修課程外，家政也新增「時尚生活」、「飲食文化與製作」、「形象管理與時尚」等三門非升學選修課，必修課程以家庭關係及生活能力為主，選修課則由各校因應學生興趣及就業機會等特色開設。

必修家政與生活科技、資訊科技概論同屬生活領域，與健康與護理等四科合計10學分，每一科目至少修習2學分，高中家政課必修2至4學分。

2. 高職家政課程

高職家政課程目標，亦以改善家庭生活品質出發，由了解婚姻與家庭的意義以及家庭和社會之關聯性，進而培養學生正確的家庭觀、持家的態度知識與技能。主要引導學生個人生活自理、社會適應能力及建立健康家庭所需的知能。高職家政為生活領域七科中的一顆（生活科技、家政、計算機概論A、計算機概論B、生涯規劃、法律與生活、環境科學概論），每科2學分，各校可自七科中選二科共4學分彈性開設。

㈢ 十二年國教課綱——重視生活情境的家政課程，符應核心素養精神

家政的宗旨，在提昇家庭生活福祉，關注學生生活經驗，強調個人生活能力的培養。正切合十二年國教新課綱「核心素養」——「一個人為適應現在及未來生活挑戰，所應具備的知識、能力與態度。」關照學習者可整合運用於「生活情境」，強調能在生活中實踐力行的特質。十二年國教所重視的面對真實生活情境的能力，正是家政課程一直強調的核心價值。家政課程，引導學生進行體驗、省思、實踐與創新等學習活動，落實「自發、互動、共好」三面九項的「核心素養」。

家政教育符應社會發展及國際趨勢，在學習內涵上新增「生活美感與創新」、「未來生活想像」與「環境永續」等概念；在課程與教學設計上，發展跨學科與跨領域的統整課程，培養學生具備「價值探索、經驗統

整與實踐創新」的能力。

1. **國民中學、普通型高中、技術型高中之家政教育皆歸屬為綜合活動領域**

十二年國民基本教育「綜合活動領域」源起於國民中小學九年一貫課程綱要的「綜合活動學習領域」，綜合活動領域在《總綱》中有以下修訂：(1)綜合活動領域第二、三、四學習階段，維持九年一貫課程以領域教學方式實施；(2)綜合活動領域延伸至第五學習階段，包括家政、生命教育與生涯規劃三科，採分科教學。

2. **國民中學家政、童軍與輔導以「學習表現」為本，共同發展學習內容**

國中階段以「領域教學」為原則，家政、童軍與輔導以「學習表現」為本，共同考量科目專業發展可對應「學習表現」的內涵，統整為「學習內容」。

(1) 實踐跨科教學設計

國中階段各項「學習內容」對應於學科的知識體系與提供課程發展參考的「補充說明」。依據學習表現，可以協助教師了解家政、童軍與輔導科目專業發展的「學習內容」，對於進行領域內跨科規劃思維清晰。例如：學習表現：「3c-IV-1探索世界各地的生活方式，展現自己對國際文化的理解與尊重。」家政與童軍的學習內容其中兩項為「家Cb-IV-1多元的生活文化與合宜的禮儀展現」與「童Ab-IV-3童軍國際交流活動的認識與理解，並能選擇適合的參與方式」，提供教師兼備課程及協同教學一具體可行之規劃方向。

(2) 素養導向課程設計符合家政教學所重視的生活應用課題

「家政」是一整合而實用的課程，學生從家政活動中，體驗實際生活，學習基本生活知能」，「統整」指的並非僅是各領域所學知能的綜合，更是由「生態觀點」出發的「個人、家庭、社區」及環境間的關聯統整，「知識、態度、技能」的統整，正是素養導向課程設計之核心，十二年國教國中學習階段家政之學習內涵，參考表1右欄。

表1　國民中學家政學科：現行與十二年國教領綱對照表

九年一貫課程綱要				十二年國教綜合活動領綱	
內涵	家政教育議題 （學習主題）	內涵	家政教育實習 （主題）	類別	國中階段－家政科課綱 （項目）
飲食	食物選購、製作與貯存 加工食品 食品衛生安全 均衡飲食 飲食行為	飲食生活活動	合宜的膳食計畫 簡易加工食品製作 青少年的飲食 飲食與體重控制 安全的外食 多元文化美食	飲食	飲食行為與綠色生活 食物資源的管理與運用 食品安全
衣著	織品的認識與應用 衣物的構成 衣服的管理與收藏 合宜的穿著	衣著生活活動	認識纖維與織法 認識常用織品及其加工 動手修補及做小飾物 穿出自己的特質 服裝展示與分享	衣著	服飾管理與消費 服飾與形象管理 織品的生活運用
生活管理	多元生活文化 生活禮儀 生活藝術 消費者教育 生活資源的利用與管理	家庭生活與管理活動	生活資源管理 和諧的家庭 社交禮儀與禮品包裝 家務工作簡化 多采多姿的家庭文化 多樣化的家庭休閒 家庭變化與調適 消費大師	生活管理	個人及家庭資源管理 生活文化與禮儀 創意生活與美化
家庭	個人身心發展 家人互動與溝通 家庭的發展變化與調適 家庭文化			家庭	家人關係與經營 家庭的發展變化與調適 家庭活動與共學 家庭文化與傳承

3. 十二年國教高中家政課綱

十二年國教的高中家政課程包含部定必修、加深加廣選修、多元選修課程。

(1) 部定必修家政課程

部定必修部分，家政、生涯輔導與生命教育同屬綜合領域，家政必修2學分。家政以「飲食、衣著、生活管理與家庭」為四類別連貫國高中階段的學習。高中階段以人際關係與愛、生活管理、生活實務為核心內涵，培養學生具備健康家庭知能、生活應用與創新能力及國際視野，以提升個人及家庭（之）生活品質（教育部，2016）。

(2) 部定加深加廣選修課程

綜合領域加深加廣選修可達6學分，強調各教育階段間的連貫與領域/科目間的統整，選修課程可規劃跨科目的專題、實作、探索體驗與職涯試探等類型，以作為校訂必修與多元選修開設的參考，亦可作為銜接不同生涯進路的預備。家政加深加廣選修課程為「創新生活與家庭」；家政與生命教育跨科加深加廣選修為「預約幸福」，以培養學生未來家庭生活能力為目標；家政與生涯規劃跨科加深加廣選修為「創意與行銷」，以培養未來學生職涯能力為目標。

(3) 多元選修課程

多元選修課程重視跨領域/科、實作（實驗）及探索體驗、或職涯試探等。家政課程強調「做中學」，為一統整性的應用科學，重視「體驗、實踐、省思與創新」，提供學生適性、多元的學習，極適合開設多元選修課程。由各校依照學生興趣、性向、能力與需求開設，各校至少提供6學分課程供學生選修。目前在各高中就開出許多具特色的家政多元選修課程。例如：臺北建國中學的「永續的餐桌」、臺中一中的「小資創業與行銷」、臺南女中家政與國文跨科合開的飲食文學「味蕾文學鹹酸甜」、桃園武陵高中家政、化學、國文跨科合開的「科學生活家」等。

二、高級中等以下學校家政常用之教學方法

基於家政專業發展的脈絡，可知家政教育以人類生活為核心，關心個體在生活中各種問題解決的能力，所涉及的範圍包括個人、家庭、社區，到環境，故需要統整自然科學、人文社會與藝術知能等多元學科基礎。

由於家庭是人類最基本的學習與成長基礎，所以家政教學的設計均圍繞在協助學習者從家庭生活出發，學習由認識自我與家人乃至於社會群體的共享、成長的相關素養，以增進個人在適應目前家庭、經營未來家庭的能力。因此家政教學的內容即從學習者最切身的家庭生活為開展，並強調生活化的特性，重視以學生為本位，教學設計中經常運用多種教學方法以因應課程或單元屬性之需，運用有利學生操作、引發學習興趣、激盪多元互動、促進主動學習等原則進行教學。以下就家政教學最常運用的教學法

表2　高級中學家政學科：現行與十二年國教領綱必修家政對照表

99課綱高中必修家政	十二年國教課綱高中必修家政	
單元主題	類別	學習項目
1.家政與生活 2.家人關係 3.家庭衝突與韌性 4.性別的人我關係 5.擇偶與婚姻 6.資源管理 7.居家環境 8.服飾計畫 9.服飾管理 10.膳食計畫與製作	飲食	飲食與生活型態 膳食計畫與製作
	衣著	服飾計畫與搭配 服飾語言與文化
	生活管理	生活資源管理與消費 形象管理 創意生活與美感
	家庭	婚姻與家庭的建立 家庭生活與家人互動 青年與家庭

資料來源：99普通高級中學課程綱要（2010）。取自https://www.k12ea.gov.tw/files/ommon_ unit/a7285432-45bf-4371-b514-3eb12aff9871/doc/99%E6%99%AE%E9%80%9A%E9%AB%98%E4%B8%AD%E8%AA%2%E7%A8%8B%E7%B6%B1%E8%A6%81.pdf、十二年國教綜合活動領綱草案（2018）。取自https://www.naer.edu.tw/files/15-1000 -10467,c1174-1.php?Lang=zh-tw

做一說明。

㈠ 講述係基本，提供學習的通則性理解

　　這是發展最早最久的教學法，以教師口說為主要形式，運用在基礎知識的教導上，對於基礎能力較弱的學習者而言，是很重要的教學法。省時又經濟是其優點；但需要搭配有趣生動的教學資源，否則容易流於教師單方的資訊傳遞，學生學習效果未必理想。

㈡ 欣賞需涵養，學習發現美好的正向觀

　　家政的學習內容是圍繞於自身的環境與人事物，從他人身上發現優點並加以學習是家政教育經常安排的學習角度，因此會帶著學生在生活中觀察與欣賞不同人、事、物的美好（例如：看見家人對家庭幸福的努力、發現家人如何協助自己處裡問題），有助於個體發展正向的情緒，促進經營生活的信心。運用欣賞教學法時要注意觀察或欣賞情境的準備及引導，否

則學生可能無法憑空感受，抓不到欣賞的重點。

(三) 討論為大宗，連結生活經驗喚起興趣

面對家庭及生活中的問題並尋求解決方法本是家政教育的目標，舉凡家庭環境的安排、家人合作模式、家庭關係經營等的內涵，都須仰賴大量的討論進行學習。透過討論教學法，讓學生相互分享、學習尊重多元的觀點，是現代公民必須具備的與他人溝通合作的條件。採用討論教學法時，教師必須對議題有充分了解與準備以設計具有討論性的問題，同時提供學生必要的討論鷹架，並於必要時提供討論依據的方向，以免流於漫談或失焦。

(四) 思考乃必然，培養切身問題的辨覺力

家政關懷個體的生活與適應的品質，因此許多的學習內容都涉及價值觀的議題，例如：高中生適合談戀愛嗎？如何美化家中的環境提升生活品質？這些都需要透過有效能的思考以因應。有些議題可能需要批判性的思考，有時需要擴散性的思考，有些則要內省式的反思，因著問題的特性與期望學生學習的目的，所運用的思考教學法的類型就有所不同。基本上，運用思考教學法時，教師要對引發思考的問題明確理解，並知道相關資訊的來源，提供學生思考的主架構，避免學生缺乏相關知識或資訊而無法順利思考。

(五) 創作是平台，建構個體展現特色通路

家政關心個體及家庭的生活品質，因此常常結合不同的創作設計，提供學生多元展現自我特長的機會，也引導學生如何善用創作增進自我及他人的福祉。像是在居家美化、服裝穿搭、美味飲食等的各種多樣主題中，教師都可以運用創作教學法，帶動學生如何呼應創作目標進行學習活動。運用創作教學法時，教師必須熟悉創作的歷程與注意事項，方能在協助學生的創作過程中提供有參考價值的學習資訊。

家政探討的都是與學生生活切身相關的議題，因此即使面對十二年國民教育課程的變動，因為以學生為本位的核心未曾改變，只要對於課程的

學習內容掌握適切，靈活運用合宜的教學策略，要經營一堂讓學生喜歡又有收穫的家政課絕非（是）難事。

參、中學家政教育的展望

　　家政教育內涵寬廣，聚焦於人類的生活福祉，向來以「關懷」為本（許美瑞，1999），以前述家庭與消費科學知識體而言，含括社會、政治、科技、及生物學的範疇，並朝向整合生態資源的模式發展（魏秀珍，2002），最終目的在於增進個人解決生活問題的能力，進而成為有問題解決能力的世界性公民，誠如許美瑞（1995）所言「家政是培養人們成為健全家庭成員的一種教育，乃針對家庭及家人問題的一門總和學科」；而家政教育強調的是整個家庭的幸福，以改善家庭及成員的生活品質為目標（黃迺毓，1998），在教育部現行高中家政課程綱要亦明確指出：家政教育的學習目標旨在協助學生透過家政課程，學習個人經營家庭所具備的生活能力。然（而）中等學校家政課程的實施仍面臨一些挑戰，盼望十二年國教的實施，能突破過去的刻板，展望以提升家庭生活品質的家政課程，能在所有學校落實。

　　孟子有云：「生於憂患，死於安樂」，雖然近年來家政教育面臨上述諸多挑戰，但是隨著全球化腳步、十二年國教揭櫫自發、互動、共好為學習目標，並以素養導向為手段，家政課程在挑戰中看見了許多展望，分析如下：

一、全球Maker潮流所趨，家政作為Life Skill，將趁勢而起

　　美國家政創始者，麻省理工學院的Ellen Swallow Richards（1842-1911）本於該校創立宗旨：理論與經驗並重（MIT的校徽上有拉丁文的"Mens et Manus"，英文為"Minds and Hands"，展現出MIT對理論與經驗並重的精神），創立家政學，一生致力於以家政教育傳播科學如何應用於改善日常生活。一百多年後，秉持開放、交流和分享概念，強調實作精神的

麻省理工學院設置個人製造實驗室（Fabrication Labortory，簡稱Fab Lab）
（王聖安，2015），再次捲起「Maker」風潮，被視為是啟動未來創新的
重要角色（臺灣自造者，2017）。甚至認為相對於過去「想」遠大於「實
作」的學校課程，目前學術界重視的「Maker」將成為未來競爭主體，顛
覆傳統教育觀念。

臺灣目前「Maker」的發展，常常讓人以為它是資訊與生活科技的新
寵，其實是窄化了「Maker」的定義。廣義來說，樂於享受動手創作及分
享的實現創意的製作都是「Maker」，是善於發現問題，熱愛透過自造嘗
試解決問題的人。這樣的精神恰是家政學創立的原始精神，不管是Rich-
ard設立的新英格蘭示範廚房，還是早年臺灣農村的家政推廣成立的媽媽
教室，都是「Maker」的具體實踐。且不說過去歷史，光是2015年5月適逢
Maker Faire十週年，在舊金山灣區的一萬個參展攤位中，打毛線就占了一
個很大的攤位，讓很多人在現場一起打毛線，另外還有整棟小農的農產品
展示，就知道Maker在歐美泛指一切手作、科技、生活等範疇，無所不包
（賴月貴，2016）。

相較於傳統學科強調「想」的知識，家政科向來兼重知識與經驗，
並強調落實知識於真實經驗中，用來改善生活品質，這樣的屬性完全與
「Maker」精神相吻合，在這一波動手作風潮中，相信能駕輕就熟，趁勢
而起。

二、世界教改高舉統整性學習，家政連結各科成為統整學習平台

芬蘭2016年8月實施新課綱，以主題教學取代部分傳統科目，此報導
一出，立即吸引各國關注。之所以有數次變革，肇因於芬蘭新課綱主要以
培養有足夠能力面對未來生活世界挑戰的新世代為目標，因此站在傳統
學科的基礎上，強調跨領域以及「現象為本的學習」（phenomenon-based
project）。

而所謂現象為本的學習，強調學習課題必須根著於真實情境脈絡，而
且，由於問題的理解、解決往往非任何單科專業可及，因此每個學生都應

該參與跨領域／科目學習，才足以促成整體理解，甚至解決問題。至於教學策略，則必須採取探究學習、問題導向、方案與檔案等學習方法，並鼓勵不同領域／科目的教師共同備課與協同教學（洪詠善，2017）。

要解決家庭或生活問題，本來就需要整合不同的專業，例如綠色飲食，就涉及到食物學、營養學、發展學、衛生學、環境學等等，因此家政老師通常具備相當豐富跨領域經驗，加上又兼有實作教學經驗，未來在十二年國教的跨領域課程發展中一定能貢獻經驗，成為各科統整的好搭檔。

三、知識經濟興起，生活實踐知識成為創業工具，家政有機會成就新經濟

「知識經濟」（Knowledge-based Economy）泛指以「知識」為「基礎」的「新經濟」（New Economy）運作模式。由於「知識」需要獲取、累積、擴散、激盪、應用、與修正，因此每一個過程都能成為創業資源。

20世紀的大科學家愛因斯坦則曾經饒富哲理地寫過：「有時候『重要的』無法計算，能計算的又不重要」（高希均，2000）。家政專業知識，正具有這種無法計算的重要性。在講究以製造累積財富的時代，暫時被生產的工具性知識擠到邊緣，在未來講究服務、講究生活品質、講究家庭幸福的現代，將成為新一波創業的新寵，尤其加上網際網路的推波助瀾，經濟效益更是無可限量。以家庭經濟管理為例，家庭收支管理APP、家庭投資理財APP處處可見；如雨後春筍般出現的商品比價網、飯店比價網等，讓消費決策更便利；還有各種飲食創業的廚藝訓練、家務服務公司的清潔訓練、或是嬰兒照顧的保母訓練、個人形象管理的服飾搭配協助等，都是推展家政專業知識的新經濟模式。

四、國際家庭年、《家庭教育法》，再次確認家政學習的重要性

在目前臺灣所有中等學校教授的學科當中，只有家政以家庭生活為範圍，除了追求個體發展以外，也講究家人之間的互動與共好，並將關懷的

對象擴及社區、社會環境與自然環境。過去受限工業化時代錯將手段當目的，為了工作犧牲家庭生活品質。在1989年聯合國大會決定將1994年訂為國際家庭年，並訂每年5月15日為國際家庭日，而且我國還成為全世界第一個設置《家庭教育法》的國家之後，愈來愈多人不只認同「沒有任何成功可以彌補家庭的失敗」，更願意調整生活重心，將概念落實於家庭生活中，家政學習的重要性再次受到肯定。

五、十二年國教擴展家政教學空間

於99年實施的家政課綱要揭櫫家政學習的目標在於：1.增進家庭生活能力，提升生活品質；2.形塑健康家庭的信念，啟發生命價值效能；3.提升生活應用與創造能力，勇於面對生活挑戰（教育部，2008）。即將於108學年度實施的十二年國教領綱中，家政課程的學習在國民中學教育階段由個人與家庭生活出發，以生活技能為核心，培養學生日常生活的知能、增進問題解決的能力，並陶冶家庭生活素養；在高級中等學校教育階段則以人際關係與愛、生活管理、生活實務為核心內涵，培養學生具備健康家庭知能、生活應用與創新能力及國際視野，以提升個人及家庭生活品質（教育部，2016）。可見，一直以來，家政教育的學習目標都與十二年國教強調的「自動好」相吻合；尤其同時強調理論與經驗並重，課程實施應重視知識、情意、技能的交織融合，完全符合素養導向精神；而增設多元選修、加深加廣的課程發展空間，更使得家政教學擴增許多可能空間。至於家政學習成果，由於完全符合十二年國教素養導向、探究與實作的學習期待，因此有助於學習在學習檔案中創造亮點，讓家政學習成果因為能裨益於學生升學而受到重視。

六、十二年國教挹注資源，深化跨校合作，激發家政創新課程設計能量

十二年國教進行課程改革以來，鼓勵跨校、跨領域共備，並提供實質資源挹注，促使更多家政教師投入共備，參與創新課程的開發，例如以家政學科中心（臺南女中）為平台，研發家政教學錦囊，已研發連續十二年

（家政教學錦囊第1袋到第12袋），從不間斷。十二年國教的實施，提供教師創新設計的空間，將更激發家政教師源源不斷創新課程設計。

參考文獻

王聖安（2015年10月）。創客文化　未來新趨勢。**咯報，223期**。取自http://castnet.nctu.edu.tw/castnet/article/8484?issueID=572

林如萍（2007）。家政的傳統與創新──談綜合活動之家政教學。**人類發展與家庭學報，9**，26-42。

洪久賢（2001）。九年一貫課程改革之探討──家政教育的規劃與展望。**家政教育學報，3**，53-68。

洪詠善（2016年4月）。學習趨勢：跨領域、現象為本的統整學習。**國家教育研究院電子報，134期**。取自http://epaper.naer.edu.tw/index.php?edm_no=134&content_no=2671

高希均（2000）。「知識經濟」的核心理念。**遠見雜誌，11**。取自https://www.gvm.com.tw/article.html?id=6521

張文亮（2016）。**隱藏的種子──史華璐：近代食品安全的改革者**。臺北：校園書房。

教育部（2008）。**普通高級中學必修科目「家政」課程綱要**。取自http://www.naer. edu.tw/files/15-1000-2979,c551-1.php?Lang=zh-tw

教育部（2016）。**十二年國民基本教育課程綱要國民中小學暨普通型高級中等學校綜合活動領域（草案）**。取自http://www.naer.edu.tw/ez-files/0/1000/attach/88/pta_10116_7276961_00362.pdf

許美瑞（1981）。美國家政教育發展之研究。臺北市：文景書局。

許美瑞（1999）。**家政教材教法**。臺北市：師大書苑。

臺灣自造者（2017）。**創客精神**。取自https://vmaker.tw/%E9%97%9C%E6%96%BC%E6%88%91%E5%80%91

童怡箏、周麗端（2013）。臺灣高中家政課程的變革：從84課程標準到99課程綱要。**中等教育，64(4)**，14-32。

賴月貴（2016-11-02）。因夢想而偉大維創翻紅「創客教育」。臺灣大紀
　　元。取自http://www.epochtimes.com.tw/n187834/%E5%9B%A0%E5%A4
　　%A2%E6%83%B3%E8%80%8C%E5%81%89%E5%A4%A7-%E7%B6%A
　　D%E5%89%B5%E7%BF%BB%E7%B4%85%E5%89%B5%E5%AE%A2%
　　E6%95%99%E8%82%B2.html
Nickols, S. Y., Ralston, P. A., Anderson, C., Browne, L., Schroeder, G., Thomas, S.,
　　& Wild, P. (2009). The Family and Consumer Sciences Body of Knowledge
　　and the Cultural Kaleidoscope: Research Opportunities and Challenges. *Fam-*
　　ily and Consumer Sciences Research Journal, 37(3), 266-283.

第十五章

童軍教育教材教法的
過去、現在與未來

徐秀媞

國立臺灣師範大學師資培育學院講師

一、前言

童軍教育自民國18年正式設科以後，科目名稱、課程內涵，經歷多次演變，於九年一貫課程中，與家政、輔導、團體活動等科目，均納入綜合活動學習領域範疇。對於童軍教育工作者而言，從單獨科目到納入學習領域，是教材內容的轉變，也是教學方法的調整，影響深遠。

十二年國教啟動，總綱對於各領域課程內涵、課程實施均有較具彈性的調整，也讓童軍教育研究者必須正面看待童軍教育教材教法在過去九年一貫期間亟待突破的困境，並為童軍教育工作者尋覓屬於十二年國教素養導向教學的童軍教育發展方向。

本研究首先回顧童軍教育設科及教材、時數等演變歷程，其次分析童軍教育教材教法的改變，末以童軍教育教材教法之省思，對未來發展進行討論。

二、童軍教育的理論基礎

㈠童軍教育的課程視角

課程的定義通常分為「課程即學科（教材）」、「課程即目標」、「課程即經驗」和「課程即計畫」等四個定義。採用「課程即經驗」的觀點時，強調學生活動、需求及經驗，認為課程是學生與學習環境中的人、事、物交互作用的結果（黃政傑，1985：14，25-29）。呂建政研究童軍教育課程內容，認為童軍的活動經驗是童軍運動課程的重要內容（呂建政，1992：47）。然而童軍教育課程發展迄今，童軍教育之教材已逐步與童軍運動訓練進程分離，童軍活動經驗必須由學校內課程或學校行事活動，來創造童軍教育中所需的活動經驗。

㈡童軍教育教法之原理原則

依據世界童軍總會（World Organization of the Scout Movement, WOSM）出版之《童子軍運動的基本原則》（*Fundamental Principles*）一書，童軍教育是一種教育性的運動，以娛樂休閒的方法完成目標。它是為各年齡層青少年設計的活動，是準備以個人為社會做出正面貢獻而和社會

結合的運動（張文鑫譯，2003）。

　　世界童軍運動創始人貝登堡先生（Robert Stephenson Smyth Baden-Powell）創立童軍運動，除了有其時代背景外，也植基於其童年經驗與對教育的看法。他重視青少年具備自我教育的能力，從真實生活中體驗、學習，結合自身經歷自省、建立內在的價值觀，並能具體實踐所學。此與九年一貫時，綜合活動學習領域重視「體驗、實踐、省思」之學習步驟相合。貝登堡認為，青少年本性向善，一如柏拉圖的教育哲學，教育應該挖掘學生心中善念，以引導、輔導的原則，運用童軍教育方法，以個體成長過程中的種種內在特質培養作為出發點，從個體對自我、對群體，到對世界的感情和關注，以及自我的理想實現（呂建政，1992；黃茱莉，2006）。這與人本主義的理念相似。

　　扮演社會童軍教育重責的童軍運動，運用童軍運動三大制度為方法，具體實踐童軍運動的教育目標。童軍三大制度即為：小隊制度、榮譽制度與徽章制度。

1. 小隊制度

　　小隊制度是將青少年以6-8人為一組，運用分工合作的方式進行學習活動。若學習最小單位是個人，則在童軍運動中，學習最小的組織即為小隊或小組。6-8人為一組時，人數可以形成團隊互動，與分組合作學習或學習共同體的運作型態相近。透過小隊制度，每一個學習者必須負起個人責任，投入學習工作，了解個人與團隊間的關係，並且完成團隊與個人的學習任務。

2. 徽章制度

　　童軍運動的每一個階段均有鼓勵青少年不斷精進之晉級考驗制度，國中階段之童軍訓練課程概分為初級、中級、高級及獅級，女童軍訓練則分為梅花鹿、臺灣藍鵲及玉山級。這些晉級制度除了用以肯定學習者的學習成果之外，也運用外在增強物—徽章，來激發學習者內在動機。

　　結合小隊制度與徽章制度，展現在小隊旗、小隊徽等認同性象徵，徽章制度結合晉級時，則成為激發學習者動機之增強物，制服上的隸屬章（縣市章、團次章）、晉級章（級別章、專科章）都成為青少年自我肯定

的敲門磚。

3. 榮譽制度

童軍諾言一開始便以「憑我的榮譽……」作為承諾，榮譽制度在童軍運動中並非鼓勵競賽，追逐冠軍，而是透過品德教育、價值澄清，去建立青少年向前、向上、向善的態度，能因重視個人與團體的榮譽，而發展正向的行為，這與綜合活動領域強調價值思辨、反思內化的體驗學習是一致的。

除了童軍運動的三大制度之外，世界童軍運動也強調「從做中學」、「以諾言規律為價值的體系」及「重視參加者的興趣」，而成為一套獨特之「進度性自我教育制度」（香港童軍總會譯，2009）。

1. 從做中學

杜威的從做中學（Learning by doing），不只落實在實驗學校中，也在貝登堡的童軍教育中體現。童軍教育中的「做」，既包含體驗，也包含實踐。學習在每個時間點都可以發生，特別是在學生真實生活中從觀察、歸納、統整，產生問題意識，尋求解決方法，建立價值系統。從做中學的學習策略，也和素養導向的教學設計十分吻合。

2. 諾言規律的價值體系

童軍教育中的諾言（舊稱誓詞）、規律，都是品德教育的一部分，也是一種以正向積極的態度生活的圭臬。運用諾言與規律，促進青少年能理解、遵守童軍諾言與規律而生活，了解個人與他人、個人與團體之間的關係、責任，進而內化到自己的價值中。

3. 重視參加者的興趣

童軍運動訓練進程中，運用各級課程與專科章提供青少年依照興趣選修、學習的機會，透過各式各樣的活動，協助青少年探索興趣與發展未來。透過領導才能的培養，讓更多青少年也有機會在各方面擔任領導者，展現自己的專長。

由前列各項教學方法原則，世界童軍運動仍強調三大制度：小隊制度、榮譽制度與徽章制度。小隊制度與分組合作學習相近，榮譽制度、徽章制度與學習動機相關。近年來世界童軍運動趨勢強調以學習者為中心，

強調重視學習者的興趣、主動學習，從做中學即以實踐與力行，歸納學習經驗，此與十二年國教重視之素養導向教學相近。

三、童軍教育教材教法發展

　　童軍教育傳入我國已逾百年，自1929年設科迄今，依照課程發展情形，概略可分為六期：(1)前國定課程時期（1912-1928）、(2)國定課程時期（1929-1944）、(3)前課程標準時期（1945-1961）、(4)課程標準時期（1962-1997）、(5)九年一貫課程綱要時期（1997-2018）及(6)十二年國教課程綱要時期（2019-）。如果以課程標準（綱要）中教材內容之發展，則可以將1912-1997期間視作內容本位時期，九年一貫課程綱要時期則應屬於能力本位時期，十二年國教課程綱要時期則為素養導向時期，亦可稱為後能力本位時期。

表1　童軍教育課程演進時期一覽表

依照教材內容區分	說明	依照課程標準區分	年代（概分）
1. 內容本位時期	教材與教法均取材童軍運動為主	前國定課程時期	1912-1928
		國定課程時期	1929-1944
		前課程標準時期	1945-1961
		課程標準時期	1962-1997
2. 能力本位時期	將科目納入領域強調帶得走的能力	九年一貫課程綱要時期	1997-2018
3. 素養導向時期	後能力本位時期	十二年國教課程綱要時期	2019-

資料來源：研究者整理。

　　下表2為研究者參考張文鑫（2017）發表之童軍教育課程時期，另行整理之童軍教育課程標準修訂、課程名稱及授課時數之演進，若對照附錄1，可更清晰呈現時事與課程更迭之對應。

表2 童軍教育課程標準修訂、課程名稱及授課時數之演進

時期	頒布時間及名稱	課程名稱	授課時數
1. 1912-1928 前國定課程時期	尚無全國一致性課程標準，仍屬地方各自運作。		
2. 1929-1944 國定課程時期	1929-中學課程暫行標準	黨童軍	0學分、2小時／週 課程標準取材於童子軍誓詞、規律及三級訓練課程：初、中、高三級。課程分三年實施，將童軍教育納入我國正式課程之始，內容含有黨國思想、軍事訓練。
	1932-中學課程標準	體育及童子軍	童子軍1小時／週 童子軍課外活動2小時／週 合計3小時／週
	1936-中學課程標準 1937-初級中學童子軍管理辦法	體育及童子軍	童子軍2小時／週 童子軍課外活動1小時／週 合計3小時／週
	1940-中學課程標準	童子軍	1小時／週，如遇課外活動演習及實習者得酌量延長1.5-2小時
3. 1945-1961 前課程標準時期	1948-中學課程標準（1956） 1951-初中童子軍組訓改進辦法	童子軍訓練	1小時／週
	1957-初級中等學校童子軍教育實施計畫	童子軍教育	1小時／週
4. 1962-1997 課程標準時期	1962-中學課程標準（1970）	童子軍訓練	1小時／週
	1968-國民中學暫行課程標準（1971）	童子軍訓練	1小時／週
	1972-國民中學課程標準（1974）	童軍訓練	1小時／週
	1983-國民中學課程標準（1984）	童軍教育	1小時／週
	1994-國民中學課程標準（1995）	童軍教育	1小時／週

時期	頒布時間及名稱	課程名稱	授課時數
5. 2000-2018 九年一貫課程綱要時期	2000-九年一貫課程總綱（1998）[1] 2003-九年一貫課程綜合活動學習領域課程綱要[2] 2008-九年一貫課程綜合活動學習領域課程綱要[3]	無	綜合活動學習領域3小時／週，包含童軍、輔導、家政、團體活動等。
6. 2019- 十二年國教課程綱要時期	2015-十二年國民基本教育課程綜合活動領域課程綱要草案（2015）	無	綜合活動領域3小時／週，包含童軍、輔導及家政。

資料來源：研究者整理。

四、內容本位時期的童軍教育教材教法

(一) 前國定課程時期（1912-1928）

　　清末民初，我國部分地區展開童軍教育活動，初始的童軍教育，在我國仍無明確的課程規劃，多自國外由傳教士傳入，以校園為基礎，招收童軍，甚至也有以外語進行活動者（呂建政，1988；劉彥俊，1987；黃荼莉，2006）。

　　1919年間，我國各地各自發展的童軍教育課程中，江蘇省童軍會發展最為完整，除了訂定誓詞、規律，編著童軍訓練課程，也發行童軍月刊，爾後各地即以此為基礎，統一發展。此時童軍訓練課程劃分為「初級、本級、優級」等三級。至1926年3月5日，中國國民黨經中央執行委員會第10次常務會議議決通過，組織「中國國民黨童子軍」（教育部，1991；黃荼莉，2006），以「中國國民黨童子軍委員會」主事，統一各地紛亂組織，

1　中華民國89年9月30日臺（89）國字第89122368號令公布。

2　中華民國92年1月15日臺國字第092006026號發布語文領域、健康與體育領域、生活課程、社會領域、綜合活動領域、藝術與人文領域。

3　中華民國97年5月23日臺國（二）字第0970082874B號令修正總綱、閩南語以外之各學習領域、重大議題。

展開童軍教育課程邁向國定課程之路。

㈡ 國定課程時期（1929-1944）

　　1929年北伐後，國民政府將「中國國民黨童子軍委員會」改為「中國國民黨童子軍司令部」，釐訂童軍三級訓練課程、中央與地方的童軍組織。同年，政府公告中學課程暫行標準（教育部，1991），「童子軍」正式設科。童軍教育課程此時雖有課程名稱、時數，以0學分、每週2小時進行，課程標準取材於童子軍誓詞、規律及三級訓練課程，分初、中、高三級。此時期童軍教育課程比較接近軍國民教育產物，內容雖以童軍運動的三級訓練課程為主，但加入不少黨國思想與軍事訓練相關的條目。童軍教育課程雖於1929年開始進入學校正式課程，以童子軍訓練三級課程與活動為形，行軍事訓練、黨國思想之實，並未落實活動課程型態，而以指導、訓練為主要方法。在劉彥俊（1987）的描述中，我國童軍教育課程內容，遠多於歐美國家。學者認為只要教法符應童軍運動的活動課程實施方式，並非無法在三年內完成，但在師資專業度不足的當下，也難以落實。

　　1932年，「中學課程標準」中設置「體育及童子軍」科，為我國第1次正式的課程標準，但童軍教育與體育成為一個科目，童子軍部分1小時／週，另有2小時童子軍課外活動，合計3小時／週。1936年，中學課程標準設置「體育及童子軍」科，童子軍部分改為2小時／週，另有1小時童子軍課外活動，合計3小時／週。1937年，蘆溝橋事變爆發，對日抗戰開始，教育部同年公布初級中學童子軍管理辦法；1940年的中學課程標準設置「童子軍」科，每週1小時課程，如遇課外活動演習及實習者得酌量延長1.5-2小時。

　　1933年，中國童子軍總會訂定〈中國童子軍總章〉，1934年，中國童子軍總會正式成立，1937年，中國童子軍總會成為世界童軍組織之正式會員國。但在1940年，中國童子軍總會卻遭世界童軍組織撤銷正式會員國身分。主要關鍵點在於，當時我國童軍教育與國際童軍運動甚不相同，國外強調自主學習、自願參與之童軍運動，傳入國內卻趨向於以政黨、國家需求為優先考慮之訓練，或說像是一種全民戰備課程。回顧當時國家政局，

幾經戰亂，如此發展童軍教育，並非不能理解。然脫離貝登堡教育思想的
童軍教育，也引發世界童軍總會與世界女童軍總會的關注，希望我國的童
軍教育發展，能忠於貝氏原意。

　　1943年，中國童子軍改歸三民主義青年團領導，童軍教育與體育的關
聯度仍高，循當年「強國必先強種」口號的脈絡發展。在八年對日抗戰結
束後，不斷變革的國定課程又將邁向下一個階段。

㈢ 前課程標準時期（1945-1962）

　　早期我國童軍教育學者，如夏煥新、劉菁華或陳鐵等前輩，多認為無
論是童子軍教育或童子軍訓練，都是由童子軍（運動）而來，但加以調整
以適合學校教育的實施。這在1948年公布之《中學課程標準》（教育部，
1956）、1951年之初中童子軍組訓改進辦法中，都以「童子軍訓練」為科
目名稱，每週實施1小時課程，可見一斑。

　　1947年行憲後，中國童子軍總會改由教育部管轄，1953年，我國再度
獲得世界童軍總會承認為會員國。1958年行政院更以命令解釋中國童子軍
總會為人民團體，同年，成立中華民國女童軍總會獲內政部核定成立，從
中國童子軍總會中獨立，並於1966年正式成為世界女童軍總會會員國（黃
茱莉，2006）。

　　1957年之初級中等學校童子軍教育實施計畫，教育部明確將童軍教育
與童軍運動劃清界線，重新擬定童軍教育課程，將科目名稱改為「童子軍
教育」，每週仍舊實施1小時課程，童軍教育與童軍運動，在1957年劃出
一道明確的分水嶺。對照呂建政（1988）之研究中，將廣義童軍教育分為
學校中正式課程（亦視作狹義的童軍教育）與社會童軍教育，亦源自於當
時衍生之區別。

　　前課程標準時期中，教材特色仍以劉菁華（1960）所述，童子軍教學
之教材選擇，要從三級課程訓練標準來選擇，教材內容可以分為活動訓
練、精神訓練、服務訓練、體能訓練及公民訓練（夏煥新，1985）。

　　1948年的《初級中學童子軍訓練標準》中，尚未能見到童軍訓練的具
體教育方式，學者參考童子軍做法，認為教法應該從小隊集會或團集會進

行教學，也有學者引當年的創新教育或進步教育觀點，如克伯屈的設計教學法。

㈣ 課程標準時期（1962-1999）

1962年，教育部公告「初級中學課程標準」，每週實施1小時「童子軍訓練」（教育部，1970），恢復童軍訓練名稱。1962年，「初級中學童子軍訓練課程標準」則在課程目標中揭示「童軍教育課程乃採用童子軍訓練方法……」（教育部，1962；黃茱莉，2006），納入童軍運動之訓練方法為教學原則。

隨著總統於1967年宣布九年國民義務教育將在1968年開始，除了各地如雨後春筍般的設立國民中學之外，教育部公告暫行的「國民中學暫行課程標準」（教育部，1971），也持續將科目以「童子軍訓練」為名。1968年之前，教科書為統編本和審定本並行制，之後統一由國立編譯館編輯印行，即俗稱之部編本。

1972年國民中學課程標準（教育部，1974），課程名稱改為「童軍訓練」，到此為止，童軍教育課程仍以訓練為主，課程內容多採用童軍訓練之三級課程標準。教法採用童軍訓練方法，即「動靜錯綜」之教學方法。（劉彥俊，1987）。

1983年，國民中學課程標準中設「童軍教育」科，以每週1小時進行課程，1989年國中藝能和活動科目開放審定版教科用書，有水牛出版社、康軒文教機構、翰林出版社、南一出版社及光復書局等參與審定版童軍教育教科書編輯。

1994年公布國民中學課程標準（教育部，1995），仍舊設置「童軍教育」科，每週實施1小時課程，此為童軍教育維持設「科」的尾聲。隨著教改諮議書公告，教育改革浪潮風起雲湧，九年一貫課程到來，不僅中止了課程標準時期，也讓許多科目步入歷史，成為領域課程的一部分。

五、從能力本位到素養導向的童軍教育教材教法

㈠九年一貫課程綱要時期（2000-2018）

　　1994年410大遊行後，教育部於同年6月召開第七次全國教育會議，成為1995年所頒布《中華民國教育報告書》（《教育白皮書》）之藍圖。1994年9月21日，行政院教育改革審議委員會正式成立（簡稱為教改會），後續提出《教改萬言書》，針對九年一貫課程表達見解，教育部隨即做出回應並啟動相關教育改革，直到1998年完成國民教育九年一貫總綱，於2000年公告。1999年完成領域課程綱要草案，並於90學年度（2001年）逐年開始實施。教育部於中華民國92年1月15日以臺國字第092006026號發布語文領域、健康與體育領域、生活課程、社會領域、綜合活動領域、藝術與人文領域課程綱要（簡稱為「92課綱」）。

　　92課綱中，綜合活動學習領域的範圍包含各項能夠引導學習者進行實踐、體驗與省思，並能驗證與應用所知的活動（教育部，2003）。1994年《國民中學課程標準》中，原屬於國中小的輔導活動、童軍活動、家政活動、團體活動等科目，因應減少學習科目，設置領域，且能符合綜合活動學習領域的課程目標，均納入綜合活動學習領域範圍內。國中的第四學習階段，僅以12條能力指標作為國中綜合活動學習領域教材內容。

　　公告92課綱後，綜合活動學習領域課程綱要隨即進行課程綱要微調，中華民國97年5月23日臺國(二)字第0970082874B號令修正總綱、閩南語以外之各學習領域、重大議題。此為所謂的「微調課綱」或「97課綱」（以下稱為97課綱）。97課綱中，綜合活動學習領域範圍仍包含各項能夠引導學習者進行體驗、省思與實踐，並能驗證與應用所知的活動，包括符合綜合活動理念之輔導活動、童軍活動、家政活動、團體活動、服務學習活動，以及需要跨越學習領域聯絡合作的學習活動（教育部，2008）。97課綱的綜合活動學習領域，以培養學生具備生活實踐的能力為課程總目標，分為四大主題軸，十二項核心素養及國中階段22條能力指標（教育部，2008）。

表3 綜合活動學習領域之內涵架構表

綜合活動學習領域之內涵架構			
課程總目標：培養學生具備生活實踐的能力			
四大主題軸	自我發展	生活經營	社會參與	保護自我與環境
十二項 核心素養	自我探索	生活管理	人際互動	危機辨識與處理
	自我管理	生活適應與創新	社會關懷與服務	戶外生活
	尊重生命	資源運用與開發	尊重多元文化	環境保護

資料來源：教育部（2008）。綜合活動學習領域課程綱要。網址：http://teach.eje.edu. tw/9CC2/9cc_97.php，上網日期：2018年12月8日。

　　九年一貫課程的重要特色之一是發展課程綱要與訂定分段能力指標，從總綱中的十大基本能力，發展到領綱的分段能力指標，教材內容採用能力本位的敘寫方式，脫離過去的內容本位取向。

　　但在「童軍活動」取代了「童軍教育」之際，埋下了童軍教育在九年一貫課程教材中迷航、重組的因子。此階段的童軍教育，有教師自編教科書、半自編或使用民間版教科書，而課程實施迥異。教材內容上，如以能力指標「4-4-2透過領導或溝通，規劃並執行合宜的戶外活動」為例，其中包含不只一個概念，並且含括體驗、省思與實踐的層次，教師不易掌握教材，易回頭以課程標準時代的教科書作為基礎教材，能力指標轉化不良時，造成百家爭鳴又眾說紛紜之景。

㈡十二年國教課程綱要時期（2019-）

　　九年一貫課程推動的同時，也啟動十二年國民基本教育課程發展。教育部103年11月28日以臺教授國部字第1030135678A號公告十二年國民基本教育總綱（以下簡稱：十二年國教總綱），國家教育研究院於104年12月17日以教研課字第1041103260號函陳報，教育部105年2月4日以教研課字第1051100273號函更新附錄二版本，並於網站公告十二年國民基本教育課程綜合活動領域課程綱要草案（教育部，2016），明訂綜合活動領域每週3小時，包含童軍、輔導及家政。綜合活動領域在國小第一學習階段併入生活課程，第二、三學習階段改為一週2小時，第四學習階段則維持一週

3小時。總綱中關於課程實施的規定，提及綜合活動領域除實施領域教學外，經學校課程發展委員會通過後，亦得實施分科教學，同時可在不同年級彈性修習不同科目，以減少每學期修習科目，但應維持各領域應有學習總節數（教育部，2014：15）。

綜合活動領域領綱草案中，學習重點包含能力本位敘寫的學習表現和內容本位敘寫的學習內容，「學習表現」內涵是由三個主題軸及十二個主題項目建構而來；「學習內容」則是依據「學習表現」發展，其涵蓋本領域重要概念、知識與原理原則等，提供課程設計、教材發展參考，並透過教學予以實踐。

國中階段的學習重點的呈現方式，學習內容包含輔導、童軍、家政的內容，並且於領綱（草案）附錄三之「各教育階段學習內容的補充說明」，具體載明個分科內容。過去隱而未現的分科內容，在此次領綱中重新浮現。

表4 國中階段的學習重點呈現方式舉例

主題軸	主題項目	學習表現	學習內容
1.自我與生涯發展	a.自我探索與成長	1a-IV-1 探索自我與家庭發展的過程，察覺並分析影響個人成長因素及調適方法。	輔Aa-IV-1 自我探索的方法、經驗與態度。 輔Ab-IV-1 青少年身心發展歷程與調適。 家Db-IV-1 家庭組成對自我發展的影響，以及少子化、高齡化與家庭結構變遷的關聯。 家Db-IV-3 合宜的交友行為與態度，親密關係的發展歷程及家庭建立的預備。
		1a-IV-2 展現自己的興趣	輔Aa-IV-2 自我悅納、尊重差異與自我成長。

資料來源：國家教育研究院（2016）。綜合活動領域課程綱要草案。網址：https://www.naer.edu.tw/files/15-1000-14173,c1594-1.php?Lang=zh-tw，上網日期：2018年7月20日。

　　十二年國教課綱重視素養導向教學，強調在真實情境中，整合知識、技能與態度，用以解決現在及未來的問題。這可以視為內容本位與能力本位的調和，一方面重視生活中的具體實踐，一方面亦將能力本位時代被邊緣化的學習內容重新組織架構，以落實基本能力。教學方式更從教師本位，轉化為學生本位。

　　在課程綱要而言，如何決定學習內容，是研修小組極大的挑戰：對教師而言，如何落實基本能力，如何將課程落實在生活中的真實情境，是亟須面對的課題。

六、童軍教育教材教法發展之未來展望

　　綜上所述，在1999年以前各期均屬於內容本位的發展。內容本位時代的課程標準著重於敘明教師在課堂上教授之內容與學生學習之內容；關於如何進行教學，在歷次演進中雖逐漸浮現輪廓，但並未有特別強調之教法；學習評量亦多以行為目標方式進行認知、技能、情意三向度的評量，尚未整合三向度的評量標準與評量方式。

　　國民教育階段的課程設計應以學生為主體，以生活經驗為重心，培養現代國民所需的基本能力（教育部，2000a），因此在九年一貫課程綱要時期，教育部提出「十大基本能力」。自此，我國的國定課程由課程標準走向課程綱要，並以能力本位為導向，進行課程綱要的研發。

　　課程是不斷滾動修正的有機體，在能力本位時代，學生需要具備帶得走的能力，但一如日本寬鬆教育政策的檢討，十二年國教啟動後，課程進入後能力本位時代，亦即素養導向時代，必須正視學生基本能力弱化的問題。

　　童軍教育教材教法歷經幾度演進，結合十二年國教素養導向發展，邁向能力表現與內容，素養導向不僅強化了以學生為中心的教學設計，也引導出以終為始的逆向式課程設計，另一方面，童軍教育可藉此引入教材的新活水，重新面對被解構又重組的教材內容，這也將是童軍教育發展的新契機，讓童軍教育得到新活力，也將展現教材與教法的新氣象。

參考文獻

呂建政（1988）。**國民中學童軍教育課程研究**（碩士論文）。取自http://handle.ncl.edu.tw/11296/de9q2p

呂建政（1992）。**國民中學童軍教育課程研究**。臺北市：水牛。

香港童軍總會（譯）（2009）。**童軍運動的基本原則**。香港：香港童軍總會。

張文鑫（2017）。**談童軍教育教材教法的演變**。發表於中國童子軍教育學會年度研討會。臺北市：國立臺灣師範大學。

張文鑫（譯）（2003）。**童子軍運動基本原則**（原作者：World Organization of the Scout Movement）。臺北市：中華民國童軍文教基金會。

教育部（1956）。**中學課程標準**。臺北市：教育部。

教育部（1962）。**初級中學童子軍訓練課程標準**。臺北市：教育部。

教育部（1970）。**初級中學課程標準**。臺北市：教育部。

教育部（1971）。**國民中學暫行課程標準**。臺北市：教育部。

教育部（1974）。**國民中學課程標準**。臺北市：教育部。

教育部（1991）。**第一次中國教育年鑑**。新北市：宗青。

教育部（1994）。**國民中學課程標準**。臺北市：教育部。

教育部（1996）。**國民中學課程標準**。臺北市：教育部。

教育部（1998）。**國民教育階段九年一貫課程總綱綱要**。臺北市：教育部。

教育部（2000a）。**國民中小學九年一貫課程暫行綱要**。臺北市：教育部。

教育部（2000b）。**國民中小學九年一貫課程暫行綱要——綜合活動學習領域**。臺北市：教育部。

教育部（2003）。**國民中小學九年一貫課程綜合活動學習領域**。臺北市：教育部。

教育部（2008）。**國民中小學九年一貫課程綱要——綜合活動學習領域**。臺北市：教育部。

教育部（2014）。**十二年國民基本教育總綱**。臺北市：教育部。

黃政傑（1985）。**課程設計**。臺北市：東華。

黃茱莉（2006）。貝登堡童軍教育思想在我國實踐之省思（碩士論文）。取
　　自http://handle.ncl.edu.tw/11296/9wyn5m

劉彥俊（1987）。童軍教育。臺北市：水牛。

劉菁華（編）（1960）。童子軍的教育理論與實際。臺北市：中正。

夏煥新（1985）。童子軍教育的理論與實施。臺北市：臺灣中華書局。

附錄1　課程發展時期、時事及課程修訂對照表

時期	時間一時事	課程修訂
1. 1912-1928 前國定課程時期	1912-民國創立，嚴家麟先生於湖北省武昌文華書院創辦中國童子軍第1團。 1919-五四運動提倡民主與科學；江蘇省童子軍聯合會為當時發展較完整之童軍組織，釐訂三級訓練課程（初級、本級、優級）。 1926-中國國民黨經中央執行委員會第10次常務會議議決通過組織「中國國民黨童子軍」，設立中國國民黨童子軍委員會。	1912-頒布「普通教育暫行辦法」 1922-公布新學制初級中學課程，試行學分制
2. 1929-1944 國定課程時期	1929-北伐成功；成立中國國民黨童子軍司令部，編定三級課程 1933-中國童子軍總會訂定〈中國童子軍總章〉 1934-中國童子軍總會成立 1937-對日抗戰開始（蘆溝橋事變）；中國童子軍總會成為世界童軍組織之正式會員國 1940-中國童子軍總會遭世界童軍組織撤銷正式會員國身分 1943-中國童子軍改歸三民主義青年團領導	1929-頒布中學課程暫行標準設置「黨童軍」，此為我國中學正式且完整規劃之課程標準濫觴 1932-中學課程標準設置「體育及童子軍」科，為我國第1次正式的課程標準 1936-中學課程標準設置「體育及童子軍」科 1937-初級中學童子軍管理辦法 1940-中學課程標準設置「童子軍」科
3. 1945-1962 前課程標準時期	1945-八年抗戰結束 1947-行憲；中國童子軍總會由教育部管轄 1949-臺灣光復 1953-中國童子軍總會再度成為世界童軍組織之正式會員國 1958-行政院以命令解釋中國童子軍總會應屬於人民團體；內政部核准中華民國女童軍總會成立	1948-中學課程標準（民45）設置「童子軍訓練」科 1951-初中童子軍組訓改進辦法 1957-初級中等學校童子軍教育實施計畫設置「童子軍教育」科 1962-中學課程標準（民59）設置「童子軍訓練」

時期	時間─時事	課程修訂
4. 1962-1999 課程標準時期	1966-文化大革命；中華民國女童軍總會正式成為世界女童軍總會會員國 1967-中華文化復興運動 1968-九年國民義務教育正式實施 1971-我國退出聯合國 1972-中日斷交 1975-蔣中正總統逝世 1978-中美斷交 1979-美麗島事件 1984-蔣經國當選第7任總統 1986-民主進步黨成立 1987-解除戒嚴、解除報禁 1990-李登輝當選第8任總統 1991-廢除動員戡亂時期臨時條款 1994-根據〈人民團體法〉，各級童子軍組織軍改組為人民團體；中國童子軍總會公告〈各級童軍進程合格標準〉 1996-李登輝當選第9任總統 1997-公布〈中國童子軍總章〉	1968-國民中學暫行課程綱要（1971），設置「童子軍訓練」科。 1972-國民中學課程標準（1974），設置「童軍訓練」科。 198-國民中學課程標準（1984），設置「童軍教育」科 1994-國民中學課程標準，設置「童軍教育」科。
5. 2000-2018 九年一貫課程綱要時期	2000-陳水扁當選第10任總統	1998-九年一貫課程總綱 2000-國民中小學九年一貫課程綜合活動學習領域暫行綱要
6. 2019- 十二年國教課程綱要時期	-	2014-十二年國民基本教育總綱 2016-十二年國教綜合活動領域課程綱要草案

資料來源：研究者整理。

第十六章

十二年國教中學健康教育及健康護理教材教法特色與展望

劉潔心、高翠霞、張晏蓉、鄭其嘉、張麗春
廖梨伶、高松景、蕭雅娟、龍芝寧
共同作者

張晏蓉
論文整理

壹、十二年國教中學健康教育學科的教學特色

　　十二年國教課綱發展著重的重點及與九年一貫課綱在發展上有其異同之處，九年一貫課程的健康教育目標在於健康行為的實踐，由覺知進而形成一個人的價值觀念，在教學上占著極重要的份量，尤其以學生為中心的課程所形成的價值觀念，才能真正地影響他們的態度和行為。九年一貫課程的健康教學雖著重於發展生活技能，但未能從素養來強化學生自主與思辯的生活經驗。而十二年國教是發展出以學生為主體，全人健康為理念之教育方針，強調結合生活情境的整合性學習。主要運用生活技能以探究與解決問題，發展適合其年齡應有的健康與體育認知、情意、技能與行為，讓學生身心潛能得以適性開展，成為終身學習者。希望建立健康生活型態，培養日常生活中之各種身體活動能力，並具有國際觀、欣賞能力等運動文化素養，以鍛鍊身心，培養競爭力。學生進而能運用所學、善盡公民責任，使個人及整體社會的生活、生命更為美好。

　　在十二年國教的宗旨之下，健康教育教學將展望於以素養能力為導向的課程設計，從學生生活經驗出發，利用多元整合創新的教學策略，來達到素養能力為宗旨的課程設計。「素養」的概念承續與擴展了「基本能力」與「核心能力」，涵蓋更寬廣和豐富的教育內涵，包含個體為了健全發展而必須因應生活情境需求所不可或缺的知識（knowledge）、能力（ability）與態度（attitude）。因此，在課程設計時便要考量，健康教育教學不僅只評量認知層面的學習表現，健康態度、技能和行為也是評量的重點，並且要強調能夠在生活情境中落實的能力。

　　目前現場教師對何謂素養導向的教學缺乏理解與實作經驗，且國內對素養導向的定義及內涵仍存有各自解讀的紛亂狀態；然而相對於其他各領域／學科，健康教育的課程教學原本就強調健康素養（Health literacy）的培養與實踐。現代健康教育教學強調建構主義的教學理論，認為學習是主動的，重視對話、啟發的過程，個人透過與他人互動分享而建構知識，這些理論也體現在十二年國教的「自發」、「互動」、「共好」三個理念上。

貳、素養導向的健康教育課程發展

美國健康教育標準聯合委員會（Joint Committee on Health Education Standards, 1995）主張，一個有健康素養的人可獲得、解釋及了解基本的健康資訊及服務，而且有能力使用訊息、服務及產品來促進健康。Nutbeam（2001）提出健康素養包含三層面：1.功能性健康素養是指有效的讀和寫技能，使人可在日常生活情境中發揮功能；2.互動性健康素養使人能參與每日活動，從不同溝通管道中擷取訊息並了解其意義，以及應用新訊息改變環境；3.批判性健康素養使人在改變情境中能運用新的訊息，並能批判地分析訊息，藉以獲得對環境的掌控。「健康素養」是健康促進結果的新指標，當民眾的健康素養提升，則國家的健康促進工作就進步了（Nutbeam,2001），美國1995年擬定的全國健康教育課程標準即命名為：「全美健康教育標準：達成健康素養」（National Health Education Standards: Achieving health literacy）。

關於如何透過健康教學來培養學生健康素養，Hubbard & Rainey（2007）對健康素養教學提出了一些建議：1.針對不同健康議題，找出適齡的核心概念；2.找出與各健康議題相關的重要生活技能，提供練習機會，讓學生學習並熟練七項生活技能，如資訊評估、影響分析、做決定、目標設定、自我管理、人際溝通和倡導；3.健康素養教學重視情境演練，鼓勵採用主動參與式教學策略，如課室討論、腦力激盪、示範與演練、角色扮演、小組活動、遊戲、個案研究、說故事、辯論、技能練習、視聽媒體、抉擇圖和問題樹。

十二年國教提出的「核心素養三大面向」以及「九項核心子素養」，與健康教育課綱規劃之「健康教育核心素養」的內涵密切相關。可分三方面探討：1.健康教育之目標是建立健康生活型態；2.健康素養的意義及其與健康生活型態的關聯性，應以技能為基礎的健康教育提升健康生活能力；3.十二年國教健康教育課綱之健康教育核心素養與總綱之核心素養的關聯性。

為強化健康教育課程落實，健康教育課程發展主軸為循序性、階層

性、銜接性、統整性、適量性、多元適性等六大向度，以作為「健康教育／健康與護理」課程垂直連貫與水平統整、縱向連續與橫向聯繫的基礎。在教材編選原則方面，除了考量學生的學習興趣和健康需求，在十二年國教的架構下，教材編選講求根據單元主題對應適切、合理與相關性高的「學習內容」與「學習表現」，「學習內容」為學習素材的部分，較屬於教材編寫時的內容屬性，「學習表現」為學習認知歷程、行動能力、態度形塑的部分，較屬於教材編寫時的教學屬性，透過「學習內容」與「學習表現」雙向細目表，二者結合、編織以架構教材的完整性、系統性，進而連結高相關性的「健康與體育領域核心素養」。此外，教學者也應思考如何透過教材編選去引發學生的自我導向學習。而課程設計也以素養為導向，其設計重點在於提升學生健康素養的教學活動設計以及在「實施要點」中強調學生「自主學習」之歷程，以落實十二年國教新課綱的課程目標（十二年國民基本教育健康與體育領域課程綱要研修小組，2016a, 2016b）。

參、健康教育學科特性與理論

影響健康教育與健康促進的學門和理論繁多，健康教育主要源自於行為科學，健康促進則主要是受到社會科學的影響，也因此在實務上所採用的策略與方法多是來自於行為及社會科學的內涵，這些內涵要能夠系統化的組織並呈現出來，必須仰賴「理論」的型式，而這些「理論」則必須依據學術研究的實證結果而來（Glanz, Rimer, & Viswanath, 2008）。

由行為與社會科學衍生而來的理論能在許多方面對實務工作者有所幫助，包括發展可測量的計畫目標、針對計畫目標決定特定的介入方法、確認介入的最佳時機、選擇適合的策略組合、強化實務工作者之間的溝通、複製與推廣介入計畫、以及設計更有效率與效能的介入計畫。身為健康教育者，重要的使命是致力於去解釋、預測甚至影響健康行為或環境的改變，因此能採用具有理論基礎的策略已是健康教育實務工作人員必備的基本能力。

　　依據行為與社會科學理論及學術研究結果，皆證實過度強調提升學生知識的健康教育課程並無法有效改變學生健康表現，故近年來多數研究積極為能提供健康教育的有效性而努力，而這些研究方向也反映出現代化的健康教育課程的四個重點：1.設計具有理論基礎的健康教學活動；2.強化以技能為基礎的健康教育；3.強調以健康素養為目標的健康教育；4.運用健康促進模式全方位的塑造學生健康生活情境（Anspaugh, Ezell, & Goodman, 2001; Meeks, Heit, & Page, 2006; Telljohann, Symons, & Pateman, 2015; Rajan, Roberts, Guerra, Pirsch, & Morrell, 2017）。

肆、素養導向的健康教育教學方法、教學資源與評量方法

一、健康教育教學方法

　　健康教育教材必須符合課綱基本理念、課程目標、核心素養與學習重點，具體呈現健康教育的教育內涵，提供適齡的教材內容，成為學生的學習資源。現代健康教育教學強調應用多元教學策略以及融入生活技能，包括參與式學習、主題式教學、統整式教學、跨領域與議題融入，以及運用情境模擬學習、體驗學習、探究教學、合作學習等教學策略，這些皆為當前健康教育教學的趨勢。健康教育課程的教學者必須要能夠有計畫性地運用多元的教學策略，搭配適當的課程教材編撰與合宜教案編寫，以培養學生的健康素養。

　　教案是勾勒教學活動的藍圖，是針對「教什麼」、「如何教」，還有「以怎樣的順序教」等事項加以描述，以便教師按照教案施教。健康教育教案的撰寫原則包含多樣性、連貫性、適切性、省思性等。教案編寫檢核面向則包含教案名稱、時間安排、學生學習、教學目標、教材資源、教學活動、教學評量等方面。

　　運用問題導向學習、專題導向學習、角色扮演、情境模擬、探索體驗學習及分組合作學習等教學法，能重視教學歷程並連結學生實際生活情境

脈絡，是發展素養導向健康教學模組的重要方法。體驗學習強調學生透過參與健康相關議題的學習活動，在過程中的觀察反省與對話交流中獲得新的態度信念，並將之整合運用於未來面對健康生活情境的解決行動方案或策略上；情境模擬讓學生能運用原有的知識去理解健康議題相關情境，在學習新的概念和理論後，能將之運用在解決情境中的問題或做出決定，並期待學生將此能力推移至未來生活的實踐能力；合作學習提供學生主動思考、共同討論分享或進行小組練習的機會，使教學不再侷限於老師的直接教導，而是著重學習者的參與，在學習的過程中，每位學習者不但要對自己的學習負責，也要幫助同組的成員學習；探究教學則是以健康議題為主軸，透過有系統、有組織的教學引導，利用循序漸進的提問技巧，設計周密的教學歷程與步驟，以培養學生明確認知、客觀態度、獨立思考及正確價值。

除了運用上述的教學方法，也應重視家長參與和融合社區文化，將不同文化與生活習慣納入學習。可藉由個案分析或是角色扮演的方式來安排劇情，透過中立、自然與寫實的生活來讓學生省思自己與健康生活的關係。家庭活動也可以提供機會讓家長參與學生的學習，能讓家庭有機會討論對於健康的價值觀。對於特殊或是敏感的健康行為，應在課程中學習尊重差異，並能了解多元族群的存在，能提供資源給不同文化的家庭與社區。

二、健康教育教學資源

何謂教學資源？程健教（1991）有個生動譬喻：若教學目標是我們的目的地，那麼教學資源就是我們的燃料及糧食，它是支持我們教學前進的力量。在教學中，老師若能妥善運用教學資源輔助教學，必會對學生學習產生積極的影響。王真麗（2005）彙整國內外學者對教學資源的分類歸納為七類教學資源：人的資源、事的資源、時的資源、地的資源、團體與組織的資源、資訊與科技的資源。有關教學資源的選擇，林進財（2004）提出九項原則：依據教學目標、學科性質、班級特質、學習者的特質、學習者的成熟度、實用性、資源的內容和特性、場所設置，以及周邊可用資源

等。

　　目前國內可運用在健康教學的資源種類多樣且不斷推陳出新，但分散在不同部門及平台。未來發展將系統性探討可運用在「健康教育課程及教學」的各種重要教學資源，以支持學生健康素養的培養。教學資源可分為以下四大類：1.教學媒體（例如除傳統的聽覺與視覺教學媒體外，特別介紹教學網站、App、擴增實境及虛擬實境等新科技媒體；2.教具（教育類別及製作）；3.教學環境（健康專科教室、善用社區衛生醫療機構）；4.人力資源（學校家長、社區醫療保健專業人才）。

　　教學能力在社群支持下一步一步從準備到專業發展的評估，讓教師更能掌控教室的課程，並提供教師指引與教學資源平台，來讓教學內容隨時更新。可在學校訓練或是當地教育局來安排這樣的教師專業培育學習。

三、健康教育多元評量

　　有效的教學課程設計應以學習者為中心，同時要融入適當而多元的評量設計。例如逆向式教學設計（Understanding by Design）的原則及運用、實務理解導向的多元評量概念（Wiggins & McTighe, 2005）。此外，如何以評量規準反應學生的學習成效，用以提供教師在教學成效上的回饋，亦有其重要性。為落實健康教育學習評量，依據十二年國教健康與體育領域課綱應採多元評量策略，可使用課前活動準備、上課參與、課後作業、平時觀察、健康行為態度問卷、健康習慣紀錄表、健康狀況自評表或檢核表、同儕互評、家長評量、紙筆測驗、技能測驗、實作評量、檔案評量、口語評量及表現等方式進行。評量應使用兼具主觀與客觀、質與量並重的多元評量方法，健康技能的學習評量方式，紙筆測驗應為最少化。

　　依據十二年國教健康與體育領域課綱實施要點，學校應進行學習評量規劃與設計，訂定公平、公正、明確的評量作業程序，和學習成就評量標準（含內容標準與表現標準），以作為評量學生學習成效的指標。美國洛磯山健康促進與衛教推廣中心之全國健康教育標準評鑑指標，依照教學現場的實務需求，訂出分別為「認知」、「情意」、「技能」、「行為」評

量類別，等級劃分學生表現分為A～E五個等級，其代表意義如下：A表「優秀」；B表「良好」；C表「基礎」；D表「不足」；E表「落後」。學習評量依照次主題可區分為「健康知識」、「技能概念」、「健康覺察」、「正向態度」、「健康技能」、「生活技能」、「自我管理」以及「倡議宣導」等8項次主題的評量策略。

伍、健康教育學科之未來展望

　　十二年國教新課綱強調學校本位課程的發展，除了部定課程領域學習的各領域課程之外，發展校訂課程彈性學習亦是課程發展重要的一環。未來健康教育學科將持續著重於突顯健康教育相關學習議題，或將各項議題有機編織融入，結合學校在地需求或區域特色，尋求跨領域合作發展，發展出各校的特色課程。

　　過去在推動健康促進學校的績優學校所發展的校本特色課程中，以各項健康議題為主軸，運用跨領域教學的校本課程推動模式，藉由特色學校分享的課程架構與推動經驗，每個學校運用不同領域的知識架構、學習風格、教師專長與課程安排，達到健康議題的有效學習。例如新北市積穗國中所發展的「無菸正青春」校本課程，透過三個領域的合作，分別在壓力調適、情緒管理、溝通與拒絕（綜合領域）、菸害防制、健康生活技能（健體領域）；媒材製作、情感思想表達（藝文領域）的學習上，共同以學校的願景為課程發展目標，以主題統整、領域協同的方式帶給學生健康學習的新視野。

　　另外，應持續以各議題適切融入健康教育，分析健康教育學習重點與各議題的實質內涵之對應，並蒐集各校課程推動的實例與省思。例如新北市中平國中所發展的「管不管有關係」校本行動研究課程，藉由六週融入環境教育議題所發展的學校特色課程，結合健康教育學習內容，探討學生在學習前後的認知、情意與行為的改變，即為以議題為導向的健康教育主題課程示例。

　　健康教育課程的發展從民國57年到迄今，歷經五十餘年，其中多次的

教育改革，健康教育課程仍被臺灣視為培養健全國民的基礎課程之一，近年來環境極端變化、氣候變遷，人類生活型態的改變以及疾病型態的轉變，愈來愈提升健康教育課程在國民中小學課程規劃的重要性，近年較重大的社會爭議議題，包括食安問題、氣候暖化、環境惡化（pm2.5的汙染）、多元成家、性別平等、中醫藥知識的議題等等，均透露出國民若能夠自幼即有健康素養的培育，對未來所需面對的生活及環境的挑戰是非常重要的關鍵。所以健康教育課程無庸置疑是培養健全國民及提升國民競爭力最重要的基礎磐石。

近年來健康教育課程的發展，除了配搭十二年國教開拓以「培養學生生活技能」及「親身參與的體驗課程」，讓學生能夠習得關鍵的解決問題的能力之外，更重要的是透過有「生活情境及實際參與」的學習歷程，讓學生真正感受體驗到或覺察到健康對其一生的重要。我們常說自幼就應培養好的生活習慣，以奠定未來人生勝利的基石，這在健康教育課程的發展與落實上扮演著關鍵的角色。而近年來健康教育課程的社會重要性愈發突顯，除了不斷將社會重要的議題納入之外，也透過學校課外及課後的時間，推動「健康促進學校計畫」來擴大課後延伸教育的學習成效，這些將生活情境融入學生學習，並能由「課堂上」、「教室外」到「生活中」的點線面的教育延伸，都將強化健康教育課程的落實，以及進一步達到十二年國教期待的「系統性、脈絡性跟延續性」學習經歷，讓學生在活潑生動樂趣中學習。健康教育課程著重培養健康相關的生活及健康技能，以及健康相關的行動力和健康生活型態的養成，並於健康體驗中學習，創造更多的學習機會。

參考文獻

十二年國民基本教育健康與體育領域課程綱要研修小組（2016a）。十二年國民基本教育國民中小學暨普通型高級中等學校「健康與體育」領域課程綱要草案研修說明。新北市：國家教育研究院。

十二年國民基本教育健康與體育領域課程綱要研修小組（2016b）。十二年

國民基本教育國民中小學暨普通型高級中等學校「健康與體育」領域課程綱要草案**Q&A**。新北市：國家教育研究院。

王眞麗（2005）。**生活課程：理論與實務**。高點文化事業有限公司。

林進財（2004）。教學活動設計的理念與實施。**教育研究月刊，131期，**5-15。

程健教（1991）。**國小社會科教學研究**。臺北：五南。

Anspaugh, D. J., Ezell, G., & Goodman, K. N. (2001). *Teaching today's health*. Boston: Allyn and Bacon.

Glanz, K., Rimer, B. K., & Viswanath, K. (Eds.). (2008). *Health behavior and health education: theory, research, and practice*. John Wiley & Sons.

Joint Committee on Health Education Standards. (1995). *National Health Education Standards: Achieving Health Literacy*. Amer Alliance for Health Physical.

Meeks, L., Heit, P., & Page, R. (2006). *Comprehensive school health education*. Washington.

Nutbeam, Don (2000) Health literacy as a public health goal: a challenge for contemporary health education and communication strategies into the 21st century. *Health Promotion International*, Volume 15, Issue 3, 1 September 2000, Pages 259-267.

Hubbard, B., & Rainey, J. (2007). Health literacy instruction and evaluation among secondary school students. *American Journal of Health Education*, 38(6), 332-337.

Rajan, S., Roberts, K. J., Guerra, L., Pirsch, M., & Morrell, E. (2017). Integrating Health Education in Core Curriculum Classrooms: Successes, Challenges, and Implications for Urban Middle Schools. *Journal of School Health*, 87(12), 949-957. doi:10.1111/josh.12563.

Roberts, A. (2012). Beyond the Lecture: Interactive Strategies in the Health Profession Education Curriculum. *Journal of Career and Technical Education*, 27(1), 48-55.

Telljohann, S. K., Symons, C. W., & Pateman, B. (2015). *Health education: Elementary and middle school applications*. McGraw-Hill Humanities/Social Sciences/Languages.

Wiggins, G., & McTighe, J. (2005). Understanding by design. Alexandria VA: Association for Supervision and Curriculum Development. *Social Studies Grade*, 6, 31.

第十七章

中等教育階段視覺藝術／美術教材教法之實施與展望

陳育祥

國立臺灣藝術大學藝術與人文教學研究所兼任助理教授

趙惠玲

國立臺灣師範大學美術系所專任教授

壹、緒論

十二年國民基本教育（以下簡稱十二年國教）課程總綱已於2014年公布（國家教育研究院，2014），藝術領域課程學習重點也以核心素養主軸對應與發展。教師身為課程實施的第一線人員，對於學生學習的影響遠超過其他因素（吳清山，2006）。鑒於課綱內容除對於學校課程與現職教師產生影響外，亦指引藝術師資培育階段職前教師之養成內涵。因此，對於藝術師資培育階段職前教師之需求及面對課程政策的轉化，在教材教法實踐面向亦必須加以探討。

我國教育學程職前教育課程教育專業課程架構中，其中「分科／分領域（群科）教材教法」與「分科／分領域（群科）教學實習」為必修之學分，作為師資生積累教學設計能力與學習成為教師的重要過程，可說綜合「內容知識」與「教學策略知識」及「教學策略內容知識」的學習（Shulman, 1986）。現行美國師資培育評審委員會（CAEP）之評鑑標準包括教材教法（Content and pedagogical knowledge）；臨床夥伴與實習（Clinical partnerships and practice）；師資生的品質、招募與選擇（Candidate quality, recruitment, and selectivity）；教育學程的影響力（Program impact）；學程的品質確保與持續精進（Provider quality assurance and continuous improvement）（CAEP, 2016），其中首要評鑑標準是課程與教材教法之學習，其重要性可見一斑。可見藝術領域師資生除應理解藝術專業知識，也應理解學生之背景與應用不同教學策略（Zimmerman, 1994；趙惠玲，1996）。為因應師資培育階段職前教師面對課程政策的轉化與實踐需求，本文將探討視覺藝術／美術課程符應十二年國教新課綱之實施，在教材教法面向的發展取向及未來展望。

貳、視覺藝術／美術教教材教法之發展取向與內涵

臺灣藝術教育理論演變自東西方各地以及在地文化，並在不斷地吸收交融與持續演進中逐漸建立學科體系的範疇（王秀雄，1990；林曼麗，

2003；王麗雁、鄭明憲，2011）。臺灣視覺藝術教材教法之理論脈絡與課程觀點發展，必須從20世紀初受到東西方藝術教育思潮影響之臺灣視覺藝術教育發展探討。諸多學者對於臺灣視覺藝術課程發展進行梳理，包括以「技術導向」、「傳統」的視覺藝術教育（袁汝儀、1994；林曼麗，2000；陳朝平，2000）；以「個體發展」、「兒童創造」為中心的視覺藝術教育（袁汝儀、1994；林曼麗，2000；陳朝平，2000；黃王來，2006）；以「美感經驗」、「學科內容」為本位的視覺藝術教育（袁汝儀、1994；林曼麗，2000；陳朝平，2000；黃王來，2006）；以「核心主題」、「科際統整」為取向的視覺藝術教育（陳瓊花，1998；黃王來，2002）；「多元文化」、「視覺文化」、「生活中心」為取向的後現代視覺藝術教育（袁汝儀、1994；陳朝平，2000；黃王來，2006；趙惠玲，2005）。前述視覺藝術教材教法之學術發展趨勢並非線性的接續，而是多向發生與並行發展，彼此亦互相影響。以下分別敘述。

一、媒材與技術取向的視覺藝術教學

　　媒材技術導向的視覺藝術教育概念源自於西方長久以來注重寫實性藝術創作原理的學習，且臺灣傳統視覺藝術向來著重表現與製作的部分（王秀雄，1990；林曼麗，2003；趙惠玲，2003）。由於媒材與技術導向的藝術教學重點是產出優質創作，因此以媒材認識與技法練習為教學核心重點。創作技法之學習舉凡幾何描繪、臨摹或寫生都是技術導向教學之策略，並強調基礎到進階的步驟學習，此外，欣賞藝術作品主要目的是觀察風格並充實自我的創作養分。在藝術師資培育面向，莫大元1956年《怎樣教美術》與1968年《美術教材教法》專書為國內早期藝術師資培育重要著作。《怎樣教美術》書中對美術教材講解面包括圖學、美術史與理論；練習面包括平面描寫、作圖、立體表現等與欣賞各式作品。莫大元（1956）指出對於美術教材之選擇亦必須立定目標，而教材之組織則偏重在創作媒材的先後順序，不論是初中或高中階段，西畫先從素描練習到水彩風景，國畫從白描入手到到練習花卉鳥獸，以及實用圖案、設計器畫等。美術

教學方法分為講解、練習與欣賞三方面。講解方面須注重實物與掛圖等教具，且不可在學生進行描寫中行之，需另闢時間教學（莫大元，1956）。練習方面分為客觀描寫與主觀描寫，前者注重臨畫教學與寫生，後者則注重培養創造力的繪畫。

莫大元時隔十二年再著《美術教材教法》，書中有兩大重點分別是介紹以繪畫、雕塑、版畫美術設計為主軸之教材與對應之教學活動。書中美術指導教學活動的過程，以導入（集體指導）、展開（個別指導）、整理（個別指導）為主軸，注重單元目標確立與教材導入、創作活動表現與自我反省評量（莫大元，1968）。1968年實施九年國民義務教育，不論是國中或高中課程標準美術科必修學習內容皆以媒材創作為主，教學時數遠超美術史、美術概論等內容，1971年高中美術課程標準教學方法提到「中國繪畫應以寫生為主、臨摹為副」（教育部：1971：316），選修課程亦建議「以表現教材為主、理解教材為輔」（教育部：1971：345）。1995年高中課程標準美術選修課程，其中黃進龍、楊賢傑、林仁傑、江正吉、侯清地、黃進龍、李延祥、馮承芝、莊元薰人分別著有素描、國畫、水彩畫、版畫、油畫教科書，各書內容架構重點為概念認識、媒材分類與表現習作、鑑賞作品等。過去在媒材與技術方法的時代氛圍中，諸多藝術教育者努力開拓媒材與技術導向教材教法之精神，值得現今藝術教師學習。然而，許多藝術教師仍將媒材與技術導向的視覺藝術專業教學視為國民教育階段的藝術學習策略，導致外界多數人仍認為藝術教育是教師教導學生如何運用媒材如何完成作品的技藝傳授（黃冬富，2008）。諸多學者亦對此藝術教育現象提出反思（王秀雄，1990；林曼麗，2003；趙惠玲，2003），隨著時代變遷與典範轉移，藝術教育已從專注媒材與技法的能力目標，轉變為均衡表現與鑑賞面向，並期望學習者能實踐於生活場域的藝術素養。

二、個體創造取向視覺藝術教學

由於藝術教育家Franz Cizek的兒童藝術教育觀啟發與近代心理學相關

研究，在20世紀初影響藝術教育最深遠且時間持續最久的首推「兒童中心」理論的觀點（黃壬來，2006）。兒童中心藝術教育理論強調個體創造取向，教學聚焦兒童與青少年的藝術認知表現與發展過程（陳瓊花、伊彬，2002）。個體創造取向藝術教育認為應發展個體成長之特色，藝術教育僅為順應其發展之手段。在國外受到重視的相關著作也被引介至國內，如王德育（1983）翻譯Viktor Lowenfeld《創造與心智的成長》與呂廷和翻譯Herbert Read的著作《透過藝術的教育》，對於臺灣藝術教育理論發展影響深遠（王麗雁、鄭明憲，2011；黃壬來，2006；陳瓊花、伊彬，2002）。Viktor Lowenfeld藝術創作階段論述早期兒童發展塗鴉期（the scribbling stage）、前圖式期（the pre-schematic stage）、圖式期（the schematic stage stage）、黨群期（the gang stage）外，中學時期涵蓋「擬似寫實階段」（the pseudo-naturalistic stage）與「青少年藝術階段」（the adolescent art）。在中學階段因為學生更加注意事物細節、比例、與相互間的連結關係且處於批判性的自我自覺時期，因而必須運用防止其喪失自信的刺激方式和方法（Lowenfeld & Brittain, 1988）。藝術教學應提供青年表現理念與情感的機會，也必須防止其因「不成熟」之作品而感到抱歉，並鼓勵接受其提示來實驗材料和媒材為自我的探究發現而努力，而非教師賦予的任務（Lowenfeld & Brittain, 1988）。

　　整體而言，個體創造取向視覺藝術教育強調學生作為學習之主體，發展學生的自主創造力，重視美術創作的過程，因此課程實踐反對以成人的藝術作品引導學生。Viktor Lowenfeld反對臨摹與著色畫等學習策略，認為藝術教育應讓學生對材料的持續探索與不斷嘗試，透過創作促進健全發展。根據陳瓊花（2003）教育現場中小學教師調查研究發現，學生中心仍是教師進行藝術課程之主要策略，因而在初等與中等教育階段，特別是初等教育階段之藝術教學，個體創造取向的觀點是重要教學理論。

三、學科本位取向視覺藝術教學

　　基於Jerome Bruner於1959年著作《教育的過程》（*The process of edu-*

cation），奠基以學科課程發展與教學方法的理論基礎。學科為取向之藝術教育觀點逐漸引發討論。1965年開始逐漸有學者針對兒童中心觀點的藝術教育理論提出反思，由於兒童中心藝術教育過於注重自由表現且缺乏系統課程與具體實施方法，以致於藝術課程觀念無法完整架構，亦是學科主體性無法確立之因素。諸多學者認為個體之「美的經驗」才是藝術所特有的概念，因此倡議「美感經驗」為前提的藝術教育觀點，經過無數次討論與折衝，1984年正式定名為「學科本位藝術教育」（Discipline-Based Art Education, DBAE）（Greer, 1984）。

在教材內容面向，學科本位藝術教育將藝術課程學習內容確立為「美學」、「藝術史」、「藝術批評」、「藝術創作」（Clark, Day, & Greer, 1987），並逐步探討藝術課程架構的觀點。學科本位藝術教育課程理念注重學科的架構，認為藝術的能力不是自然成長下的結果，而是經由後天的適當學習而來，藝術教育的課程應包括適當的教學目標、教材內容、學習活動、評量方式等（Eisner, 1989），並強調適當的藝術學習有賴於良好的課程設計，因而藝術教學著重在前述四個面向之技巧、觀念與研究模式之整合與教學統整（郭禎祥，1991；Clark, Day, & Greer, 1987; Eisner, 1989）。

美國Getty藝術中心為推廣學科本位藝術教育，曾進行「全國性的藝術教育課程提升計畫」（A National Research Project of Promising Visual Art Education Program）（郭禎祥，1989）。正式出版之《學科本位藝術教育：一個課程示例》手冊中藝術課程單元具有共同的架構，包括清楚列明包含美學、藝術史、藝術批評與藝術創作均衡的學習目標；課程的學習時間；學習材料與課程運用的藝術作品資源；關鍵字彙等（郭禎祥，1989；Alexander & Day, 1991; Greer, 1993）。學科本位藝術教育注重教學目標之達成，也注重依據目標訂定客觀之評量標準以評估學生學習成效。國內學者王秀雄於國立臺灣師範大學課程中探討Eisner著作，是引介學科本位藝術教育之源流，而郭禎祥、黃王來、袁汝儀等學者相繼回國後對學科本位藝術教育亦進行探究與推廣（黃冬富，2003）。

為強化「美學」、「藝術史」、「藝術批評」面向的教學實踐，在

教學方法面向，學科本位藝術教育也強調藝術鑑賞教學的重要性。欣賞與鑑賞的差別在於後者注重感性與認知判斷並重的品鑑，如藝術批評方法的結構和要點，包括描述（description）、形式分析（formal analysis）、詮釋（interpretation）、評價（judgement）（Feldman, 1970），或是感官（sensuous）、形式（formal）、技術（technical）、表現方法（expressive）（Broudy, 1972），諸如上述鑑賞與批評的方式去發現藝術品的美感特質並鑑別其藝術特性。1995年高中美術課程綱要指出鑑賞教學應包括：描述、形式分析、內涵解釋、價值判斷等四種過程（教育部，1995），因而迄今多數視覺藝術／美術教科書多以前述鑑賞方法編寫藝術批評與鑑賞相關單元。

　　從課程標準之演變也可見學科本位藝術教育思潮之影響，1983年高中課程標準教材內容指出「學習內容」的比例配置，「美術概論」占學習內容的17.2%，「表現」占比學習內容50%，「鑑賞」占比學習內容32.8%。而1995年課程標準教材內容「美術鑑賞」占比學習內容調升到40%至60%。然而根據陳瓊花等（2003）調查指出，高中教師並不了解課程標準中鑑賞教育逐年提升的藝術教育政策，仍以「探索與表現」為其教學時最希望讓學生獲得的能力（陳瓊花、康台生、姚世澤，2003），因此鑑賞教育仍有待在師資培育階段與教育現場推廣。此外，受到學科本位藝術教育思潮之影響，教科書教材編制之架構亦有大幅度改變，1995年課程標準視覺藝術教科書從過去以媒材與技術之類別作為教學單元，轉變為符合學生心理組織之編輯方式，且教學單元皆註明課程學習目標、關鍵字彙等內容。

　　整體而言，學科本位藝術教育肯定了藝術在教育中的地位，其透過對藝術學習目標、學習內容、組織架構、教學策略與評量的精緻探討，對視覺藝術教材教法範疇產生長遠之影響，奠定藝術課程發展與設計的基本架構與學科價值。

四、課程統整取向視覺藝術教學

　　基於學科本位藝術教育重視藝術學科知識，在課程中專業技能的表現方式與同質性的教學方法，可能將學習個體在藝術表現本質、文化差異、藝術與社會生活的連結面向忽略。1994年美國「藝術教育國家標準」（National Standards of Arts Education）無論視覺藝術、舞蹈、戲劇、音樂內容標準的訂定上，強調與其他學科之間的相關性（陳瓊花，1998）。Efland（1995）認為學科本位應該提供多元路線之認知聯繫性，因為各種知識在分別實施的情形下彼此之間易缺乏聯結，學科本位四個學科的學習彼此之間是相互聯結而重疊的，因此在課程設計上應採取如半格狀的課程規劃方式交互關聯。將DBAE的美學、美術史、美術批評與美術創作採取有順序及廣泛的教學，使學生能擴大藝術的認知，達到統整的目標（Efland, 1995）。Hamblen（1997）提出修正學科本位藝術教育之「新學科本位藝術教育」（neo DBAE），主要擴展「女性主義議題」、「民族藝術」、「當代設計和傳統工藝技術」與「社區環境教育」等議題的融入，並鼓勵教師發展學校本位的課程（黃壬來，2006），可見當學科架構建立之後，必須回歸教育主體而發展統整的課程設計方式。根據陳瓊花（2005）研究整理2000-2004年間國內外視覺藝術教育論文研究，主題占比最高即為「課程統整」。

　　針對藝術統整的設計方式，Wiggins認為教師設計課程應先找出課程的重要核心概念（Big idea），這些概念是重要且持久的（Wiggins, G. P., McTighe, J., Kiernan, L.J., & Frost, F, 1998）。Krug與Cohen-Evron（2000）提出藝術教育在課程統整概念之角色。包括：1.將藝術學習材料作為其他學科資源；2.擴大藝術領域的中心架構；3.以藝術詮釋課題、觀念與學習主題；4.以藝術理解生活中心的議題。Walker（2001）更具體以「重要觀念」作為串聯各學科課程設計上的主要步驟。「關鍵概念」（key concept）和「本質問題」（essential questions）則逐漸延伸而出（Walker, 2001）。前者「關鍵概念」通常是陳述問題，「本質問題」則是陳述內容。Efland（2002）則提出藝術教育的教師應避免落入規則性結構而導致過度簡化複雜結構的情形。統整課程設計的方式可以有許多的樣態，設計

時宜保持彈性，就學生的特質、教師、學校與地區的特色等因素進行多方面思考，在思考學科本位藝術課程設計時，不能僅是學科中心的思維導向，而忽略更多與當下生活的連結，而是進行多方思考後，才能採取最佳的選擇（陳瓊花，2001）。國內九年一貫藝術課程綱要奠基於統整論述，從三年級至九年級藝術與人文領域，強調科目之間的統整，發展統整互融性的課程設計（呂燕卿，1999）。2006年高中美術課綱之教學方法指出應採「主題式建構教學活動，統整藝術鑑賞與創作的學習」（教育部，2006：227）。

五、多元文化與視覺文化取向藝術教學

　　藝術教育思潮受到後現代的課程觀點之影響，近年探討多元文化議題在藝術教育的重要性。從多元文化的角度看藝術，不僅要含括不同種族與次文化團體之作品，對於作品之了解也應包含創作者之性別、政治、階級、年齡與宗教等因素（郭禎祥，1994）。在師資培育面向，Cosier與Sanders（2007）探討藝術師資生未來教學情境中，可能面對不同對於LGBT社群的觀點，應清除在藝術史、批評和技術教學中所蘊含的偏見，鼓勵師資生酷兒（queer）藝術課程策略設計。此外，視覺文化藝術教育（Visual Culture Art Education, VCAE）注重學生日常生活視覺經驗的連結與啟發，因為其影響力遠超過美術館所展示之精緻藝術（Duncum, 1999）。透過研究被人們創造、貢獻和使用的視覺文本，試著去理解透過影像所呈現出來的世界，以及從日常生活美學所伴隨的價值應該培養批判的角度，去了解影像中的社會運動（social movements）、經濟的興趣、和政治議題（Duncum, 1999）。在教學材料面向，Walker與Chaplin（1997）指出視覺文化內容包含精緻美術（Fine Arts）、工藝／設計（Crafts/Design）、表演藝術及藝術景觀（Performing Arts and Arts of Spectacle）、大眾與電子媒體（Mass and Electronic Media）四大領域，藝術教育教材範疇應擴大精緻藝術的界線。在教學方法面向，視覺文化場域範疇多變且廣泛，不若精緻藝術般範圍確定，有固定的教學原則可以遵循。因此視覺文化藝術教育並非明確有步驟性的教學策略，更重要的是教師信念及態度的

建立（趙惠玲，2004）。在藝術師資培育面向，國內亦有視覺文化相關研究，如探討增進藝術教師影像閱讀之素養與批判思考能力，俾利為學生增權賦能（張柏煙、許雯婷，2004）。或是探討藝術師資影像選擇與詮釋視覺文化的相關教學策略（王采薇、羅美蘭，2010）。從視覺文化角度看待藝術之教學，藝術作品的歷史背景如政治、經濟等等，都需要納入考量，學生批判性思考能力及習慣的養成相當重要。在教學上可以採用問題導向的對話式策略引導學生，刺激學生批判性思考，藝術師資培育也必須思考增進教師的後設認知能力的策略。

參、十二年國教下視覺藝術／美術教材教法之展望與建議

鑒於素養已成先進國家課程之重點，藝術素養體現（embodied）於哲學基礎與人生的目標，使具有藝術素養的人能夠將藝術知識、技術和能力轉換於其他面向的主題、背景和脈絡。臺灣十二年國教藝術領域課綱（草案）之核心素養，強調藝術學習不以知識及技能為限，而應關注藝術學習與生活、文化的結合，因而藝術領域美感素養導向之教學，學習內容宜強調生活性（陳瓊花，2017）。臺灣十二年國教藝術領域課綱（草案）在後期中等階段之核心素養包括：參與藝術活動以提升生活美感及生命價值；運用設計與批判性思考，以藝術實踐解決問題；具備規劃執行並省思藝術展演的能力與創新精神以適應社會變化；活用藝術符號表達情意觀點和風格，並藉以作為溝通之道；運用多媒體與資訊科技進行創作思辨與溝通；善用多元感官體驗與鑑賞藝術文化與生活；養成以藝術活動關注社會議題的意識及責任；透過藝術實踐發展適切的人際互動，增進團隊合作與溝通協調的能力；探索在地及全球藝術與文化的多元與未來（國家教育研究院，2016）。可見藝術教學重點直接對應三面九項核心素養，並逐漸擴展趨向生活層面。透過「表現」、「鑑賞」與「實踐」三大學習目標構面，發展國民教育各階段學習重點，並強調從學生日常生活經驗，引發學生的主動學習。

　　培養師資生自主學習是教師素養重要關鍵，主動的學習者會為自己的學習設定目標，並有計畫地掌握與安排相關資源以達學習目標，更重要的是師資生必須體認到正在解決的問題是和實際生活有所關聯的（Niemi, Nevgi, & Aksit, 2016; Pintrich, 2004）。因此，在藝術教育思潮的演進下，為促使藝術教育理論與課程實踐合理兼容的發展，融合理論與實務的教學策略能夠帶給師資培育教材教法課程更多的發展，避免師資培育與學校教學情境產生分離。

　　經梳理我國中等教育視覺藝術教材教法的論述與實務發展脈絡，因應十二年國教新課綱的推動，本文提出視覺藝術／美術之展望與建議。

一、培養師資生整合藝術表現、鑑賞與實踐的藝術素養導向課程發展與實踐

　　師資生必須學習藝術領域的素養概念與藝術素養導向之教學，整體而言可從課程規劃與課程實踐兩方面著手。十二年國教藝術領域課綱已依循總綱各教育階段核心素養具體內涵，結合藝術領域之基本理念與課程目標的具體展現。因此未來之在藝術課程規劃面向，課程「學習目標」須對應藝術領域課綱之「學習表現」，「教學內容」則對應藝術領域課綱之「學習內容」，以達成在各教育階段間連貫以及各領域／科目間的統整。同時學習目標不能僅追求學生學習能力，必須在知識、技能態度之均衡發展；學習內容則應在生活中思考對應藝術的關鍵學習內容，且整體課程應整合藝術表現、鑑賞與實踐的學習，應融入省思社會情境、深化學科之內涵之重大議題，而非過於單向度的課程發展與設計。

　　在藝術課程實踐面向，應以學習者為中心依據學習目標與學習內容輔以結合情境脈絡的學習策略，如課堂內的討論教學、教室外的校園實察與社區環境的人文議題等，透過教學活動引發學生自主學習。在評量面向則可透過兼具形成性與總結性的評量概念，以學生的學習表現證據為核心，發展相關的評量策略與評量工具，如同儕互評、學習歷程檔案評量、實作評量、學習心得紀錄或報告、作品集、示範、展演、軼事紀錄、鑑賞等，

或透過建立評分構面檢核表（rubrics），以結合真實情境實踐藝術創作表現，探討課程設計教案與教學實施之成效。

二、增進藝術師資生實務教學經驗與課程行動研究能力

藝術素養課程實踐的過程是以學習者為中心，非必然依循課程原來之計畫，師資生亦可能超越原來所設定之學習表現。因而重要的是引導藝術領域師資生時常思考與自省課程教學，尤其在課程發展設計、課程實施與完成教學後都必須反思與修正。

為引導師資生主動學習，必須為師資生連結真實的教學情境。臨床教學概念已經成為國內外師資培育之趨勢，且臺灣中學階段學校類型眾多，除普通班學校之美術／視覺藝術課程、藝才班專業課程、技術型高中職業取向的課程等，不同情境的藝術課程有其必須考量的學生特質、學習目標與學習策略。因而在師資培育階段必須透過與學校組織合作策略：如教學觀摩、訪談、試教學等方式，讓藝術師資生接觸不同類型之教學現場，當師資生面對真實情境時有助其實踐所學，引導其逐步成為課程的主動研究者。

肆、結語

視覺藝術教材教法學術思潮與發展趨勢已從傳統重視媒材與技法取向之教學，逐漸省思學習個體之身心發展狀態，並透過美感經驗的學科架構學習內容與統整的課程觀點。而當代日常生活環境、多元文化與批判性思維觀點，則影響藝術課程朝向情境與脈絡化學習之方向。十二年國教課程綱要即實施後，自總綱自主行動、溝通互動與社會參與的核心素養所發展之藝術領域素養，在十二年各階段藝術教育學習重點貫穿發展。素養的學習已是國際趨勢，2014年〈美國國家核心藝術標準：藝術學習的概念架構〉（National Core Arts Standards: A Conceptual Framework for Arts Learning）中指出，藝術素養（artistic literacy）是在藝術中實際參與的知識和

理解力，流暢地善用藝術語言於創作（create）、展演（perform）／製作（produce）／呈現（present）、回應（respond）與透過藝術特殊的符號與隱喻形式連結（connect）。藝術素養體現在體現（embodied）哲學基礎與人生的目標，使具有藝術素養的人能夠將藝術知識、技能和能力轉換於其他面向的主題、背景和脈絡（SEADAE, 2014）。十二年國教藝術領域課綱「核心素養」強調藝術學習不以知識及技能為限，而應關注藝術學習與生活、文化的結合，透過表現、鑑賞與實踐，彰顯學習者的全人發展（國家教育研究院，2016）。因此素養導向教學在師資培育階段，不只是讓師資生認識課綱藝術素養的概念，更必須培育師資生綜合藝術內容知識、藝術教學策略知識與藝術教學策略內容的知識的素養，在不同情境中靈活運用。

　　情境化與脈絡化亦是重要課題，近年課堂中透過微型教學（microteaching）與臨床教學（clinical experiences）增加師資生教學經驗的策略逐漸受到重視。前者成效受到諸多研究者的肯定（單文經，1992；張民杰，2012；Cavin, 2007）；後者在藝術師資生教育方面，多數美國藝術師資培育機構皆透過策略合作或其他方式增加藝術師資生臨床教學經驗（Zimmerman, 1994）。近年國內以整體角度探討視覺藝術師資培育現況文獻，計有趙惠玲（1996）從國中美術教育現況探究師資培育的課題；趙惠玲（2003）探討國內師資培育相關政策對視覺藝術師資培育的影響；蕭炳欽（2003）探究提升藝術教育師資水準之行政策略。黃冬富（2008）研究臺灣戰後的中小學視覺藝術師資養成教育發展脈絡。整體而言國內相關文獻主要以歷史脈絡、政策與教學方案探討藝術教育師資培育，近年則少見師培階段藝術教材教法課程之與師資生學習教材教法現況相關研究。然而，在十二年國教的推動與藝術教育思潮的演進下，師資培育從過去能力本位（competence-based）、知識本位（knowledge Based）與反思實踐（reflective practice）等面向，已轉移到素養本位的觀點（吳清山，2017），連結學術理論與實務情境是教育政策推動師資培育階段應持續關注的議題，亦期待未來有更多師資培育面向的相關研究。

參考文獻

王秀雄（1990）。**美術與教育**。臺北：臺北市立美術館。

王采薇、羅美蘭（2010）。藝術師資培育生的全球化與全球在地觀點的視覺
文化研究。**國際藝術教育學刊**，**8**(2)，125-148。

王麗雁、鄭明憲（2011）。蛻變中的成長：臺灣藝術教育百年，美育，
180，6-15。

王德育（1983）。**創造與心智的成長**。臺北：文泉。

吳清山（2006）。師資培育的理念與實踐。**教育研究與發展期刊**，**2**(1)，
1-31。

吳清山（2017）。素養導向教師教育：理念、挑戰與實踐。**教育行政**，
112，14-27。

呂燕卿（1999）。藝術與人文學習領域綱要與統整性互融式課程設計之觀
念。美育，**106**，29-38。臺北：臺灣藝術教育館。

林曼麗（2000）。**臺灣視覺藝術教育研究**。臺北：雄獅美術。

林曼麗（2003）。藝術教育於21世紀教育中應有的角色。**國家政策季刊**，
9，91-102。

袁汝儀（1994）。由戰後臺灣的五種視覺藝術教育趨勢探討視覺藝術教師自
主性之重要性與培養。美育，**54**，39-52。

國家教育研究院（2014）。**十二年國民基本教育課程綱要總綱**。取自：
http://www.naer.edu.tw/files/15-1000-7944,c639-1.php?Lang=zh-tw。

國家教育研究院（2016）。**十二年國教藝術領域課綱草案（含國民
中小學、普通型及技術型高中）**。取自：http://www.naer.edu.tw/
files/16-1000-10466.php?Lang=zh-tw。

張民杰（2012）。微型教學在師資培育課程教學原理之應用。**教育理論與實
踐學刊**，**25**，57-82。

張柏煙、許雯婷（2004）。視覺文化藝術教育內涵分析。**臺東大學教育學
報**，**15**(1)，245-263。

教育部（1971）。**高級中學課程標準**。臺北市：教育部。

教育部（1995）。**高級中學美術課程標準**。臺北：教育部。

教育部（2006）。**普通高級中學課程暫行綱要**。臺北：教育部。

莫大元（1956）。**怎樣教美術**。臺北：正中書局。

莫大元（1968）。美術科教材教法。臺北市：國民中學教師職前訓練班。

郭禎祥（1989）。蓋迪藝術教育中心對於DBAE理論之研究、實驗和推廣。**師大學報**，**34**，389-410。

郭禎祥（1991）。追求精緻的藝術教育-DBAE（上）。**美育雙月刊**，**12**，3-9。

郭禎祥（1994）。多元文化觀與藝術教育。**師大學報**，**39**，545-582。

陳朝平（2000）。臺灣美術教育思想的演變與跨世紀的思維。載於**2000年臺灣美術教育發展國際學術研討會論文集**（頁190-215）。臺北：國立歷史博物館。

陳瓊花（1998）。**教育部委譯：美國藝術教育國家標準**。臺北：教育部。

陳瓊花（2001）。從美術教育的觀點探討課程統整設計之模式與案例。**視覺藝術**，**4**，97-126。

陳瓊花（2005）。當前視覺藝術教育研究的趨勢。載於國立屏東師範學院主辦之**藝術教育研究的回顧與展望研討會論文集**（頁1-22）。屏東：國立屏東師範學院。

陳瓊花、伊彬（2002）。心理學與藝術教育，黃壬來主編，**藝術與人文教育**（上冊）（頁155-183）。臺北：桂冠。

陳瓊花、康臺生、姚世澤（2003）。**臺灣地區高級中學暨大專院校一般藝術教育現況普查及問題分析**。臺北：國立臺灣藝術教育館。

陳瓊花（2017）。美感素養導向教學之理論與實踐。**教育研究月刊**，**275**，19-33。

黃壬來（2006）。國際視覺藝術教育趨勢。論文發表於**國立花蓮教育大學主辦之2006全國藝術教育專題研討會論文集**（頁9-38）。花蓮：國立花蓮教育大學。

黃冬富（2003）。視覺藝術教育史概述。載於黃壬來（主編），**藝術與人文教育**（頁11-36）。臺北：桂冠。

黃多富（2008）。**戰後臺灣的中小學視覺藝術師資養成教育**。國家科學委員會專題研究計畫結案報告（NSC 96-2411-H-153-003-）。

趙惠玲（1996）。從我國國中美術教育現況談師資培育的一些課題。**師大學報，41**，573-606。

趙惠玲（2003）。典範與妥協：我國中學階段視覺藝術師資培育。**藝術教育研究，5**，49-81。

趙惠玲（2004）。後現代藝術教育思潮：視覺文化藝術教育。**臺灣教育，628**，14-22。

趙惠玲（2005）。**視覺文化藝術教育**。臺北：師大書苑。

歐用生（1994）。**教育研究法**。臺北：師大書苑。

Alexander, K., & Day, M. (Eds.). (1991). *Discipline-based art education: A curriculum sampler*. Getty Publications.

Broudy, H. S. (1972). Enlightened cherishing: An essay on aesthetic education. Urbana: University of Illinois Press.

CAEP. (2016). *CAEP Accredition Standards. Retrieved from* http://caepnet.org/standards/introduction.

Cavin, R. M. (2007). *Developing technological pedagogical content knowledge in preservice teachers through microteaching lesson study*. The Florida State University.

Clark, G. A., Day, M. D., & Greer, W. D. (1987). Discipline-base art education: Becoming student of art. *The Journal of Aesthetic Education, 21*(2), 129-193.

Cosier, K., & Sanders, J. H. (2007). Queering art teacher education. *International Journal of Art & Design Education, 26*(1), 21-30.

Greer, W. D. (1984). Discipline-based art education: Approaching art as a subject of study. *Studies in art education, 25*(4), 212-218.

Krug, D. H., & Cohen-Evron, N. (2000). Curriculum integration positions and practices in art education. *Studies in Art Education, 41*(3), 258-275.

Walker, S. R. (2001). Teaching meaning in artmaking. Worcester, Mass: Davis Publications.

Walker, J. A., & Chaplin, S. (1997). *Visual culture: An introduction.* Manchester University Press.

Eisner, E. W. (1989). *Educating artistic vision.* Reston, Virginia: The National Art Education Association.

Feldman, E. B. (1970). *Becoming human through art: Aesthetic experience in the school.* Prentice Hall.

Gree, W. D. (1993). Developments in discipline-based art education (DBAE): From art education. *Studies in Art Education, 34*(2), 91-101.

Greer, W. D. (1984). Discipline-based art education: Approaching art as a subject of study. *Studies in art education, 25*(4), 212-218.

Greer (1987). A structure of discipline concepts for DBAE. *Studies in Art Education, 28,* 4, 227-233.

Hamblen, K. A. (1997). Second generation DBAE. *Visual Arts Research*, 98-106.

Lowenfeld, V., & Brittain, W. L. (1988). *Creative and mental growth* (8th ed). New York: Macmillian.

Niemi, H., Nevgi, A., & Aksit, F. (2016). Active learning promoting student teachers' professional competences in Finland and Turkey. *European Journal of Teacher Education, 39*(4), 471-490.

Pintrich, R. (2004). A conceptual framework for assessing motivation and self-regulated learning in college students. *Educational Psychology Review, 16,* 385-407.

SEADAE (2014). National Core Arts Standards: A Conceptual Framework for Arts Learning. Retrieve from http://www.nationalartsstandards.org/content/conceptual-framework.

Shulman, L. (1986). Those who understand: Knowledge growth in teaching. *Educational Researcher, 15*(2), 4-14.

Walker, J. A., & Chaplin, S. (1997). *Visual culture: An introduction.* Manchester University Press.

Wiggins, G. P., McTighe, J., Kiernan, L. J., & Frost, F. (1998). Understanding by design. Alexandria, VA: Association for Supervision and Curriculum Development.

Zimmerman, E. (1994). Current research and practice about pre-service visual art specialist teacher education. *Studies in Art Education*, *35*(2), 79-89.

第十八章

高級中等學校全民國防教育教材教法之發展與展望

戴政龍
淡江大學公共行政學系助理教授
陳勁甫
元智大學社會暨政策科學學系教授
李宗模
元智大學管理學院博士班博士候選人

壹、前言

　　國防是國家生存發展的基礎，國防教育則是凝結人民與國家之間對於安全防衛共識的管道。我國高級中等學校的國防教育，歷經學生軍訓課程、國防通識課程到現今的全民國防教育課程，發展已超過一甲子。我國的國防教育自始即為政府國防施政的一部分，基於國防的「純公共財」（pure public goods）屬性及其外擴的效應（戴政龍，2009，頁337），政府為求完善其國防職能而推動國民的國防教育，其內在邏輯在於現代的國防與國家安全已無法僅由軍隊、政府獨力承擔，而必須建立在全體國民對於防衛國家安全的共識與意志之上。睽諸世界各國國防政策，亦早不乏先例。

　　我國高級中等學校的國防教育，在邁入21世紀之初便開始以法律建構其合法性。「全民國防教育」在此背景下，成為學校教育中的法定課程。政府推動十二年國民基本教育，全民國防教育依法於國民基本教育的各學習階段實施，並於高級中等學校階段設有2學分的必修課程。本文旨在引介我國國防教育的發展歷程，回應十二年國民基本教育課程對於教材教法之期待，並參酌成熟的領域／學科之理念與實務經驗，提出全民國防教育可茲應對與開創的展望。

貳、全民國防教育課程發展歷程

一、全民國防教育之源起與發展

　　現行的高級中等學校全民國防教育，係以《國防法》、《全民防衛動員準備法》及《全民國防教育法》為依據，並以民國99學年度起實施的《普通高級中學課程綱要》（簡稱「99課綱」）之「全民國防教育」課程為教學基準；其前身為95學年度起實施的《普通高級中學課程暫行綱要》（簡稱「95課綱」）之「國防通識課程」，以及自民國41年起實施的「學生軍訓」教育。

　　回顧歷史，民國40年教育部與國防部會頒《臺灣省中等以上學校軍訓實施計畫》，選拔優秀軍官於全省8所師範學校試辦軍訓教育；41年，教育部公布《高中以上學校學生軍事精神體格及技能訓練綱要》，規定「高中以上學校男生應實施軍事訓練及軍事管理，女生實施軍訓及看護訓練」；42年起，全省高級中等學校即開始全面實施學生軍訓教育。94年1月，立法院通過《全民國防教育法》，使我國的國防教育有了明確的法源；但教育部同時也發布「95課綱」，高中的國防教育依該課綱配合實施，從95學年度起將「學生軍訓課程」調整為「國防通識課程」。至99學年度起，方按新修訂之「99課綱」，再將「國防通識課程」改為「全民國防教育課程」。

　　《全民國防教育法》規定全民國防教育以經常方式實施為原則，學校教育為該法明定的實施範圍，並律定：「各級學校應推動全民國防教育，並視實際需要，納入教學課程，實施多元教學活動。前項課程內容及實施辦法，由教育部會同中央主管機關定之。」教育部因應「99課綱」之實施，於99年5月與國防部共同發布《各級學校全民國防教育課程內容及實施辦法》，規定大專、高級中等學校及其相當層級之進修學校實施全民國防教育課程，內容包含「國際情勢」、「國防政策」、「全民國防」、「防衛動員」及「國防科技」等課程。

　　教育部於103年11月公布《十二年國民基本教育課程綱要總綱》（簡稱「十二年國教課綱總綱」），全民國防教育課程亦同步進行研修，以「學生需要何種國防知能，才能達到全民國防目標」為課程設計之主要思考方向，跳脫原有課程中以「國際情勢」、「國防政策」、「全民國防」、「防衛動員」及「國防科技」的序列性思維框架，並且強化防災、救災的相關教學內容，平衡軍事知能與災防知能，融合出新課程相對應的目標，達到「十二年國教課綱總綱」以學生為主的理念（國家教育研究院，2018，頁4），新的課程綱要也帶動教材和教法的創新與調適之需求。

二、全民國防教育課程內容之演進

　　高級中等學校的國防教育大致歷經學生軍訓課程、國防通識課程、全民國防教育課程及預訂於108學年實施「十二年國教課綱」的全民國防教育課程等四個階段的發展。就課程之發展趨勢觀察，顯與我國政治、社會的民主化進程時間相關，茲歸納如下：

㈠ 課程時數漸次縮減

　　民國42年《臺灣省高級中等學校學生軍訓實施辦法》規定全學程實施時數324小時（相當於18學分）。自86學年度起，教育部規定高級中等學校3學年間學生軍訓課程總計實施216小時（相當於12學分），夜間部暨補校則為108小時。91年再度修正為高級中等學校180小時（相當於10學分），附設進修學校108小時。至95學年起的「國防通識」課程，則大幅縮減為必修課程4學分，選修課程由各校自訂4學分。99學年度起實施的全民國防教育課程又再縮減為必修2學分、選修5學分。而108學年即將實施「十二年國教課綱」的全民國防教育課程，則維持必修2學分，選修學分改由各校自訂。相較之下，全民國防教育的必修總時數僅有36小時，即縮減了約88.9%。

㈡ 課程內容的知識性與應用性擴大，不僅限軍事相關教育及訓練

　　早期的學生軍訓課程內容區分學科、術科教育，並著重於軍事訓練及軍事輔助勤務教育。86學年度起將課程規劃為「國家安全」、「兵學理論」、「軍事戰史」、「國防科技」、「軍事知能」及「軍訓護理」等六個領域（95學年度起，「軍訓護理」改為「健康與護理」），擴大學科知識的範疇。99學年度起，再改為「國際情勢」、「國防政策」、「全民國防」、「防衛動員」及「國防科技」。

　　從學生軍訓到全民國防教育課程的演進過程與趨勢，對應到我國民主化發展的進程來看，政治、社會的發展與現實，對校園中的國防教育課程及內涵影響甚大。無論是學生軍訓、國防通識或是全民國防教育，皆屬政府用以完善其國防職能、凝聚國民防衛國家共同意識的施政作為。因此，

與時俱進地調整政策內涵、適切投入教育資源，實屬政府之應盡之責任。
但教育為百年樹人之大計，也是決定國家人力資源素質的根基，國防教育
的教學亦應以此為本。

參、各界對教學實施與精進之建議和回饋

　　自民國42年高級中等學校全面實施學生軍訓教育迄今，國防教育雖歷
經多次的變革與轉型，但由於民眾對軍事、戰爭的威脅不易感受、教學
現場普遍受制於升學主義，且國防教育課程與大多數學生之升學、就業未
必有可見之直接關聯等影響，因此，國防教育雖為政府施政作為之具體行
動，在教與學之間所產生的問題，甚至是來自外部的檢討，都比其他教學
領域及課目面臨更多的挑戰。

　　例如：監察院調查報告曾指出，社會中「好男不當兵」的觀念，依然
深植各階層，對於軍人的價值觀有極大的落差；另一方面，兩岸長期接觸
結果，國人逐漸淡化敵我觀念，缺乏憂患意識，對於國家意識的觀念日趨
淡薄（包宗和、蔡培村、陳慶財，2017）。又如《全民國防教育政策執行
成效之檢討》專案調查研究指出，當前全民國防教育多已形式化，缺乏一
貫思維及作法，無法將全民國防及愛國信念深植人心，達到感動、愛國的
效益，建議應以重建國家意識為首要目標，釐清兩岸關係中我方之角色定
位，並闡明國家之基本立場，並應導入「大陸政策」教育課程，凝聚全民
國防共識（劉德勳、孫大千、江綺雯，2015）。上述調查報告所示，是為
全民國防教育在社會環境構面上所面臨的集體性認知問題，也是其他課程
較少見到的問題。這些認知可能包括社會價值、敵我觀念與憂患意識、國
防與軍事的概念釐清，在多元的社會中尤為不易。

　　在學生學習動機及生涯發展方面，劉德勳等（2015）的調查發現，
「募兵制」實施後，學生役期折抵需求降低，已影響學生修習全民國防教
育課程之意願。蕭雅芳（2013）的研究也發現，男學生未來欲從事軍職工
作者，其全民國防教育學習態度及學習成效明顯高於其他學習者。是類問
題涉及學習者本身的期待與預期效用，亦即當課程內容能予以滿足學習者

的學習動機、效用感知或符合未來的生涯規劃所需時，即可能提升學習效果。

對於教學上的精進作法方面，劉德勳等（2015）指出妥善運用國防文物，可引起參與者廣泛及深刻之迴響，例如新竹市的黑蝙蝠中隊紀念館、新竹縣載熙國小吳載熙紀念銅像等，皆為可推廣全民國防教育的實例之一；另如影視公司製作的軍事節目，可用來作為「討論式」的課程素材，有助於啟發學生「感受戰爭的殘酷」與「對國家的認同」、「對軍人的重新肯定」；其他重要社會安全議題，例如「反恐」、「防駭」等全球性重大安全議題，亦應給予相當比例之重視。此類意見即反映出教材選擇與學習主題的設定範疇、教學資源、教學能量等問題。

在運用新科技創新教學方面，秦昱華（2009）以「做中學」及「多元智能」的理論構思，運用「即時戰略」遊戲作為全民防衛之實際操作演練，發現能改善學生對於全民國防課程枯燥難耐的負面印象。張長裕與賴世烔（2016）提出融入定向生存體驗課程於全民國防教育課程中，可顯著提升學生對於國防的正向認知。這些創新的教學方法，有別於傳統式的講授教學法，也是「十二年國教課綱總綱」所期待與樂見的教學創新。

六十餘年來，從學生軍訓、國防通識到全民國防教育，都承載了政府施政的期待。但在教學的場域裡，藉由長年教學實務的實踐經驗與反饋，並引進新的教育觀念與教學設計，回歸以學生為主體的教育本質，方為國防教育存在之真正價值。

肆、對全民國防教育教材教法創新精進之展望

一、十二年國教課程總綱對教材教法之規劃及全民國防教育之對應

依據十二年國民基本教育的規劃精神，課程的發展是本於全人教育的精神，以「自發」、「互動」及「共好」為理念，以學生為自發主動的學習者，教育乃啟發學生的學習動機與熱情，引導學生開展與自我、與他人、與社會、與自然的各種互動能力，協助學生應用及實踐所學、體驗生

命意義，願意致力社會、自然與文化的永續發展，共同謀求彼此的互惠與共好（教育部，2014，頁1）。全民國防教育之目的在於「增進全民之國防知識及全民防衛國家意識」，[1]與十二年國民基本教育「自發」、「互動」、「共好」理念完全相符相容。

　　全民國防教育在各類型高級中等學校，皆屬於「部定必修課程」，可安排於三學年間授課，學分數為2學分。所謂「部定必修課程」，其課程規劃係以全人教育為出發點，培養學生核心素養及奠定基本學力，並以具備通識應用能力為目標；課程設計則著重強化與國小、國中階段課程的連貫與統整，研訂跨科之統整型、探究型或實作型等主題的課程內容，提升學生通識與綜合應用之能力；適切融入性別平等、人權、環境、海洋教育等議題（教育部，2014，頁15-31）。由於全民國防教育在國小、國中的學習階段採取「融入式教學」，[2]所以，高級中等學校的全民國防教育是學生在各階段教育中，首次觸及有正式課程安排及學分授予的國防教育；再者，全民國防教育所涵蓋的課題，實已超越了單一學科、領域的知識範疇，非常適合進行跨科統整、探究與實作等課題設計，亦可依不同單元內容融入適切的議題教育。

　　在教學準備方面，教材選擇時希望能分析學生學習經驗、族群文化特性、教材性質與教學目標，設計符合學生需求的學習內容，並規劃多元適性之教學活動，提供學生學習、觀察、探索、提問、反思、討論、創作與問題解決的機會，以增強學習的理解、連貫和運用；在教學模式與策略方面，教學方法也被期待依據核心素養、教學目標或學生學習表現，選用適合的教學模式，並就科目的特性，採用有效的教學方法或策略，或針對不同性質的學習內容，如事實、概念、原則、技能和態度等，設計有效的教學活動，並結合科技媒材，適時融入數位學習資源與方法（教育部，

1　見《全民國防教育法》第1條。

2　「融入式教學」之規定，見諸《各級學校全民國防教育課程內容及實施辦法》第6條。有關國民中、小學階段採取融入式教學的課程設計探討，可參閱：周淑卿與戴政龍（2014）。

2014，頁32）。根據上述的原則，全民國防教育的教材及教法的選擇與設計，便有較高的自主性，可以因時、因人、因地加以規劃設計，符合學習者之特定需求而「客製化」。

二、廣而有節的全民國防教育教材之選材範疇

全民國防教育是法定的教育，其教材之選擇，應回到法律的規範面向。《國防法》揭櫫了我國的國防為「全民國防」，並採正面列舉明定其內容含括：「國防軍事、全民防衛、執行災害防救及與國防有關之政治、社會、經濟、心理、科技等直接、間接有助於達成國防目的之事務」四大範疇；此一條文亦可視為「全民國防」的法定意義，全民國防教育的教材選材亦以此四大範疇為本。

依據《國防法》、《全民國防教育法》立法意旨及「十二年國教課綱總綱」規劃精神，以解析「全民國防教育領綱」規劃的「學習內容」之教材取材原則，大致包括：

㈠ 全民國防概論：有關國家安全的界定，影響國家安全的因素，這些因素如何影響我們的生活，保衛國家的途徑，國防與軍事的區別，國防共識的建立，國情不同的各國其確保國家安全、建立國防共識的作法與啟示。

㈡ 國際情勢與國家安全：有關傳統的安全威脅與新型的非傳統安全威脅，國際安全情勢的最新現況，這些現勢發展對亞太地區、對我國、對家庭與個人的可能影響，兩岸關係對我國安全情勢的影響，從國際及區域觀點觀察臺灣的地理、海洋與地緣優勢及劣勢，從政府到個人可採取用以維護我國國家安全的可能途徑與方法。

㈢ 我國國防現況與發展：有關我國重要的國防政策內涵，國軍概況、制度、主要武器裝備，國軍如何保衛我們的國家，與生活相關的軍民通用科技運用、發展及趨勢。

㈣ 防衛動員與災害防救：有關全民防衛動員及青年服勤動員的實施概況，動員與災害防救之於國防及個人的關係，政府、學校、家庭與個人對災害防救與應變的知識和技能，基本防衛武器操作與原理。

㈤ 戰爭啟示與全民國防：與全民國防有關的臺灣重要戰役過程，及其能結合本課程各項學習主題的啟示。

「全民國防教育領綱」中對於教材編選的一般原則尚包括：應以多數學生能理解為目標，避免資料堆砌式的複雜敘述，力求簡單、明確、易學、易懂，並善用日常生活事物之舉證；注意在地性、時效性及變遷性，減少去情境化與過時教材之呈現，結合時事內容引導思考；內容涉及其他相關領域／科目時，應明確定位全民國防教育之專業領域；有關兩岸議題應保持客觀立場，並遵守法律規範（教育部，2018，頁5-6）。

歸結之，全民國防教育教材之選材、編製空間十分寬闊，但須把握前述法律立法意旨、範疇、「十二年國教課綱總綱」精神及「全民國防教育領綱」之規劃方向，亦即必須符合專業、即時及適合學習者能理解、能體察感受的大原則。

三、尋求素養導向教學之全民國防教育教法

十二年國民基本教育課程的理念與目標，是以「核心素養」作為課程發展之主軸，透過「自主行動」、「溝通互動」、「社會參與」三大面向，培養以人為本的「終身學習者」；此三大面向再具體細分為：「身心素質與自我精進」、「系統思考與解決問題」、「規劃執行與創新應變」、「符號運用與溝通表達」、「科技資訊與媒體素養」、「藝術涵養與美感素養」、「道德實踐與公民意識」、「人際關係與團隊合作」、「多元文化與國際理解」作為核心素養的九大項目（教育部，2014，頁3）。

所謂的「核心素養」是指一個人為適應現在生活及面對未來挑戰，所應具備的知識、能力與態度；「核心素養」強調學習不宜以學科知識及技能為限，而應關注學習與生活的結合，透過實踐力行而彰顯學習者的全人發展（教育部，2014，頁3）。素養並非來先天遺傳，而是來自於後天教育與學習，是教師教學的重要內容，也是學生學習的重要目標，更是評量學生的重要依據（蔡清田，2014，頁19）。核心素養的發展過程，是個體學習吸收學科知識後，經過認知、技能及情意的內在機制，將知識加以

統整成有意義的整體,加以轉化並類化應用成為學以致用的能力,一方面以知識為能力之本,另一方面又以能力為知識之用,將知識與能力加以統整為一體之兩面,流露出合乎情理法的行動態度傾向,並在適當社會情境之下,以合乎社會文化的價值情意方式,展現出合乎情理法的行動。簡言之,素養是知識、能力與態度的統整(蔡清田,2014,頁21)。

「素養導向教學」對十二年國教課程而言,包含兩大意涵:一方面是指培養各領域/學科素養(例如科學素養、語文素養、數學素養等),另一方面,則指促進總綱三面九項核心素養(如系統思考、規劃創新、團隊合作……)。核心素養雖有別於以學習領域為中心的學科素養,但透過學習領域內容的選擇或是教學方式的調整,既可發展領域/學科素養,亦能有助於促進核心素養之養成(林永豐,2018,頁1)。就「全民國防教育領綱」的規劃與學科屬性定位而言,全民國防教育的教學方法,是朝向以達成核心素養為目標。

素養導向教學的原則,通常包括以下四個要點(蔡清田、楊俊鴻,2016):

㈠ 不僅教知識也要教技能與情意:教師應調整偏重學科知識的灌輸式教學型態,可透過提問、討論、欣賞、展演、操作、情境體驗等有效的教學活動與策略,引導學生創造與省思,提供學生更多參與互動及力行實踐的機會。

㈡ 不僅教結果也要重視學習的歷程與方法:學校教材之設計,除了知識內容的學習之外,更應強調學習歷程及學習方法的重要,以使學生喜歡學習及學會如何學習。

㈢ 不僅教抽象知識更要重視情境學習:學生能主動地與周遭人、事、物及環境的互動中觀察現象,尋求關係,解決問題,並關注在如何將所學內容轉化為實踐性的知識,並落實於生活中。

㈣ 不僅要在學校中學習更要能夠落實於社會行動:核心素養係能促進個人在多元的情境或社會領域中更有效率的參與,並且增進個人成功的生活及健全社會發展的能力。

以上述素養導向教學的原則,參酌蔡清田與楊俊鴻(2016)的舉例,

應用於全民國防教育的教學時，其教學方法可以描述為：除了全民國防相關知識性文本內容的學習之外，培養學生能運用科技、資訊及媒體所提供的各種素材，以進行檢索、擷取、統整、閱讀、解釋及省思，並轉化成生活的能力與素養；除了教導全民國防相關的重要概念或事實之外，培養學生能從觀察、實作的歷程，學習探索證據、回應不同觀點，並能對問題、方法、資料或數據的可信性進行檢核，進而解釋因果關係或提出可能的問題解決方案；除了要能認識國家安全與防衛國家的因果關係之外，還能類推相似的觀念以認知真實世界（如國際情勢、兩岸關係）及日常生活情境中的問題（如防衛動員、災害防救）；除了全民國防相關知識的學習之外，培養學生具備對道德、國防事務與公共議題的思考與對話素養，也鼓勵學生主動參與各種支持全民國防的相關公共事務。

　　至於素養導向的教學評量，蔡清田與楊俊鴻（2016）也提出三個原則及方法示例：

　　㈠ 不僅評量學生的知識與技能，而且評量學生的態度。

　　㈡ 重學習結果也重學習歷程，總結性與形成性的評量兼重。

　　㈢ 強調對於學生能整合所學並應用於特定情境中的評量。

　　基於上述的素養導向評量原則，其評量方法可舉以下三種方法為示例：進行表現本位評量（performance-based assessment），例如：評量學生共同合作以解決問題的能力，評量學生展示、實作、團隊工作、訪談、角色扮演等能力；實施卷宗評量（portfolio assessment），「卷宗」可以對於學生的知識、技能與態度，運用在適當情境脈絡中的程度來進行評價，透過卷宗可以知道學生在某種學習項目上進步或改變的情形；發展學生自我評量（self-assessment）的能力，強調由學生自己確認自己的學習結果，對於自己學到什麼樣的程度能進行自我的判斷，透過管理與控制自己的學習歷程，發展學生自我評量的能力，並提升「後設認知」（meta-cognitive）技能（蔡清田、楊俊鴻，2016）。素養導向的評量原則與方法，應用於全民國防教育的教學，可使教學現場脫離傳統紙筆測驗、分組報告或缺乏主題意識的遊戲活動等固定評量模式，也將翻轉全民國防教育的教學型態。

伍、結語

　　高級中等學校的國防教育歷經六十餘年的教學實務歷程，沿襲了許多以軍事知識、技能為主體的教材與教學方法，形成獨具一格的教學特色，實無可厚非。但從教育的本質來看，當前的十二年國民教育的推動，期待落實全人教育的精神，強調培養「自發」、「互動」及「共好」理念，融合生活情境、建立素養導向的教學等目標，全民國防教育的特殊定位，正足以在各領域／學科之間成為一門無可取代的重要課程，以統整學習者在各領域／學科的學習成果，參與個體、群體到社會的互動、實踐、永續發展的體察與反思，而不僅只是一門認識軍事的營養學分課程。

　　全民國防教育在高級中等學校有36小時的授課時間，卻必須置入大量的課程內容，所以，教材選擇、課程設計以及教學方法、評量方法的規劃至為關鍵。在教學現場中能引導學習者從學習過程形成、產出核心素養，並展現、應用於生活情境，成為一位終身學習者，全民國防教育的教學者應能成為最有力的推手。

參考文獻

周淑卿、戴政龍（2014）。國民中小學全民國防教育課程設計之途徑，載於鄭德美（主編），**103年全民國防教育學術研討會論文集**（pp. 145-157）。桃園市：國防大學。

林永豐（2018）。素養導向教學設計的要領，載於周淑卿、吳璧純、林永豐、張景媛、陳美如（編），**素養導向教學設計參考手冊**（pp. 1-4）。臺中市：教育部國民及學前教育署。

秦昱華（2009）。全民國防教育創新教學之研究－以即時戰略遊戲為例。**國防雜誌**，**24**(3)，62-73。

國家教育研究院（2018）。**十二年國民基本教育課程綱要－全民國防教育課程手冊**。臺北市：國家教育研究院。

張長裕、賴世炯（2016）。定向生存體驗課程對臺北市高中職生全民國防認

知之影響。**國防雜誌，31**(1)，85-101。

教育部（2014）。十二年國民基本教育課程綱要總綱。臺北市：教育部。

教育部（2018）。十二年國民基本教育課程綱要—全民國防教育。臺北市：
　　教育部。

劉德勳、孫大千、江綺雯（2015）。全民國防教育政策執行成效之檢討專案
　　調查研究報告。臺北市：監察院。

蔡清田（2014）。**國民核心素養：十二年國教課程改革的DNA**。臺北市：高
　　等教育文化事業有限公司。

蔡清田、楊俊鴻（2016）。十二年國民基本教育課程當中的素養導向。
　　檢索自：國家教育研究院，https://www.naer.edu.tw/ezfiles/0/1000/
　　img/30/101395700.pdf

蕭雅芳（2013）。高中職以上學生全民國防教育學習需求與學習態度之研
　　究。**休閒與社會研究，7**，97-108。

戴政龍（2009）。全民國防與國防治理：公民參與的觀點。**嘉義大學通識學
　　報，7**，335-358。

國家圖書館出版品預行編目資料

分科教材教法：問題與展望／黃政傑，吳俊
憲，鄭章華主編. －－初版. －－臺北市：五
南，2018.11
　　面；　公分
ISBN 978-957-763-099-5 (平裝)

1.教學法　2.教材教學　3.中小學教育

523.3　　　　　　　　　107017544

1I21

分科教材教法：問題與展望

主　　編 ― 黃政傑（297）　吳俊憲　鄭章華

發 行 人 ― 楊榮川

總 經 理 ― 楊士清

副總編輯 ― 陳念祖

責任編輯 ― 李敏華

封面設計 ― 王麗娟

出 版 者 ― 五南圖書出版股份有限公司

地　　址：106台北市大安區和平東路二段339號4樓

電　　話：(02)2705-5066　　傳　　真：(02)2706-6100

網　　址：http://www.wunan.com.tw

電子郵件：wunan@wunan.com.tw

劃撥帳號：01068953

戶　　名：五南圖書出版股份有限公司

法律顧問　林勝安律師事務所　林勝安律師

出版日期　2018年11月初版一刷

定　　價　新臺幣320元